·HISTOIRE

DE

LA RESTAURATION

DE LA BRANCHE AINÉE DES BOURBONS.

Deuxième Edition.

TOME PREMIER.

PARIS. — IMPRIMERIE LE NORMANT FILS,
RUE DE SEINE, N° 8.

HISTOIRE

DE LA

RESTAURATION

ET

DES CAUSES QUI ONT AMENÉ LA CHUTE

DE LA BRANCHE AINÉE DES BOURBONS.

PAR UN HOMME D'ÉTAT.

> Mon frère est impatient de dévorer mon règne, mais qu'il se souvienne que s'il ne change pas, le sol tremblera sous lui !
>
> *Paroles de* Louis XVIII *à un de ses ministres.*

PARIS.

DUFÉY ET VEZARD, LIBRAIRES,

RUE DES MARAIS-SAINT-GERMAIN, N° 17.

MDCCCXXXI.

AVERTISSEMENT

DE L'AUTEUR.

Cet ouvrage était commencé depuis plusieurs années : je l'avais conduit jusqu'à la fin du ministère de M. de Villèle; et j'écrivais l'administration de M. de Martignac, lorsque la révolution de juillet a éclaté.

Mêlé aux affaires politiques de la restauration, j'hésitais à jeter dans le public cette longue série de faits qui l'ont entraînée à sa ruine.

Dois-je cacher que j'étais dévoué à l'ordre de choses fondé par la royauté des

Bourbons en 1814? j'aurais voulu que la restauration se consolidât par la liberté du pays, et qu'une couronne, contemporaine de nos vieilles gloires nationales, se fût retrempée dans notre jeune et brillante civilisation.

Les fautes du gouvernement, le caractère personnel du dernier roi de la branche aînée des Bourbons, en ont autrement décidé : que les destinées s'accomplissent!

J'ai relu mes manuscrits; j'ai changé peu de choses; mes réflexions demeurent les mêmes. J'ai eu le triste avantage de prévoir juste et loin. Ce qui n'était que conjectures, s'est changé en faits! Quelques rapprochemens avec les grands événemens dont nous avons été témoins se sont présentés sous ma plume; pouvais-je m'y refuser!

Je n'ai point flatté le pouvoir nouveau. Les hommes et le parti triomphant aujourd'hui ont des reproches à se faire dans les fortunes diverses de la restauration. Je ne les tairai pas, et qu'importe la puissance à l'inflexible histoire !

Trois parties composeront cet ouvrage.

J'ai suivi dans la première, les Bourbons depuis 1789 jusqu'en 1814; j'ai tracé l'esquisse des faits contemporains qui ont pu préparer la restauration. J'ai couru sur tous ces faits pour arriver rapidement à l'histoire de cette restauration et des cent-jours.

J'ai raconté dans la seconde, le court ministère du prince Talleyrand et du duc d'Otrante, le premier ministère du duc de Richelieu, les ministères du marquis Dessolle, du duc Decazes, le second ministère de M. de Richelieu; et enfin le ministère de M. de Villèle.

La troisième partie, à laquelle je travaille encore, comprendra les deux ministères de M. Martignac et du prince de Polignac jusqu'à la dernière révolution de juillet.

L'histoire de la restauration, depuis le congrès de Vienne, est celle de l'Europe. La diplomatie tiendra donc une large place dans ce travail. Les cartons des affaires étrangères m'ont été long-temps ouverts; je les ai mis à profit.

Rien n'est écrit que sur des documens authentiques, des pièces officielles, premiers élémens de l'histoire.

Grâce au ciel! vivant aujourd'hui en dehors des affaires, j'ai acquis l'heureux privilége de voir tout à l'abri de ces préjugés et de ces passions qui atteignent l'homme public, alors qu'il touche un porte-feuille ; car le premier malheur du pouvoir, c'est de ne plus sentir comme le peuple, de ne plus juger, ainsi que le commun des hommes, et de n'apercevoir la société qu'à travers les intrigues des salons et les applaudissemens de l'antichambre !

HISTOIRE

DE

LA RESTAURATION.

LIVRE I.

LA FRANCE ET LES BOURBONS

DE 1789 EN 1814.

HISTOIRE

DE

LA RESTAURATION

DE LA BRANCHE AÎNÉE DES BOURBONS.

———

Je n'écris point un pamphlet. Assez de passions ont agité la société contemporaine. Les temps de l'histoire sont arrivés. La restauration de la maison de Bourbon s'est développée et s'est éteinte dans des proportions tellement symétriques, avec des conditions et des accidens si prévus d'avance, qu'on dirait un drame conçu et mené à fin d'après la règle. En 1814 et 1815, dans cette double épreuve du gouvernement des Bourbons, toût le monde a pu indiquer du doigt quelles causes le feraient vivre, et quelles causes le feraient mourir. N'accusons pas trop les caractères ; ils retardent ou accélèrent un mouvement, ils ne le font pas. Son principe est plus haut ; or, une restauration fondée sur l'idée du droit divin et de la légitimité absolue est une œuvre impossible.

L'histoire de la restauration peut être écrite aujourd'hui avec plus d'impartialité et de rectitude. En se séparant des passions vivaces et populaires qui dominent la révolution de juillet, il est plus facile, depuis qu'elle est accomplie, de juger les hommes, les partis, les capacités diverses, les services politiques. Nous avons pu apprécier les factions au pouvoir. Nous avons vu les royalistes fougueux, les hommes de 1815, renverser à plaisir la plus belle monarchie, et *faire chasser à coups de fourches* la dynastie de saint Louis et de Henri IV. Nous avons vu également les chefs de l'opposition libérale, ces grandes capacités, ces hommes austères, ces patriotes universels, prendre la direction de la politique et de l'administration du pays, et Dieu sait où ils l'ont conduit! Ensuite les partis, dans la naïveté de leurs victoires, ont fait beaucoup d'aveux. Sous MM. de Villèle et de Polignac, on a vu les ultra-royalistes mettre en action leurs doctrines sur le pouvoir royal, sur l'article 14, sur les coups d'Etat; et que n'ont pas avoué les ardens du parti libéral, tout glorieux de leur conspiration permanente pendant quinze années contre la restauration! De plus, l'expérience a rendu douteux pour de bons esprits si des lois d'exception momentanées, légalement obtenues des chambres, ne sont pas quelquefois impérieuses, inévitables, pour rétablir l'ordre troublé. Et ce doute expliquera, s'il ne justifie point, la conduite des ministres de Louis XVIII jusqu'en 1821.

De là résultera peut-être pour beaucoup d'hommes impartiaux la conviction que les ministres qui en présence de l'étranger deux fois dans notre capitale, en lutte avec le parti de la cour et de l'émigration, avec les fautes et les exigences du libéralisme, ont conduit le pays à l'état de prospérité matérielle où il se trouvait dans les premières années de la restauration, n'ont pas démérité de la France. Les noms de MM. de Richelieu, Dessolle, Saint-Cyr, Decazes, Pasquier, Laferronays, Molé, Mortemart, et Martignac, resteront, avec des nuances diverses, comme les types de ces systèmes de capacité, d'ordre, de modération, qui pouvaient sauver la dynastie, la liberté et la prospérité publique. On n'ose pas le dire aujourd'hui tout haut, parce que des retentissemens de biographies et des jugemens d'esprit de parti restent encore, mais le temps arrive où toute justice sera rendue.

Qu'on ne cherche point dans cette histoire un libelle. La tempête a emporté une vieille et glorieuse dynastie; ce serait honte de l'insulter. Je ne prétends point à la vie malheureuse de quelques productions éphémères qui s'alimentent du scandale: Notre génération, parce qu'elle est forte, doit être généreuse. Grand Dieu! qui, dans cette tourmente de quarante années, n'a point commis de fautes! Qui a pu traverser des temps si agités sans déposer quelque empreinte de la fragilité humaine!

La restauration s'est accomplie en 1814; mais les tentatives faites pour l'amener remontent à l'origine même de la révolution. On ne pourra bien saisir l'esprit et le caractère de ce mouvement, qu'en suivant le fil de la grande intrigue, qui, depuis le 13 juillet 1789, a remué la France et l'Europe; car, chose étonnante, dans toutes les phases de sa fortune, la maison des Bourbons est demeurée avec ses grandeurs, ses préjugés et ses chimères!

Faut-il donc s'étonner si elle s'est brisée

contre les faits, et si la vieille couronne de saint Louis a disparu dans la tempête. Ce que les courtisans ont appelé la *perpétuité monarchique* est le plus invincible obstacle à toute conciliation. Qu'est-ce donc qu'une famille qui veut rester avec le caractère de huit siècles en présence d'une jeune et forte civilisation !

Puisse cet exemple profiter même aux hommes de la révolution ! Puisse cette terrible chute d'une dynastie, arrêter les tentatives de tout gouvernement exclusif dans ses idées, et qui se croirait fort parce qu'il heurterait des opinions qui ne sont pas les siennes ! La restauration s'est long-temps maintenue à travers les vices de son origine, parce que jusques à ses derniers excès, elle fut modérée et conciliante. Si l'incapacité entraîne jamais l'impérieuse révolution de juillet dans les saturnales des représailles ; si nos petits hommes politiques font les affaires du pays avec les préjugés et la mauvaise humeur de leurs jours de disgrâce, qui sait ce que l'avenir réserve alors à notre génération !

LA VIEILLE MONARCHIE.

1787.

La monarchie tombait en poussière. Dans la marche confuse et désordonnée de l'autorité, il s'était formé une sorte d'anarchie organisée. Tout existait d'une vie factice : aucune institution ne pouvait justifier son droit, définir ses prérogatives : états-généraux, parlement, chambre des comptes, cour des aides, états de province, assemblées du clergé, tout cela marchait se heurtant dans d'interminables disputes. On invoquait sans cesse l'ancienne constitution; mais où était-elle? Depuis les Francs qui élevèrent Clovis sur le pavois, jusqu'à la monarchie absolue de Louis xiv, que de changemens, que de révolutions! A quel point voulait-on s'arrêter? Aux champs de mai, aux états de 1356, ou à la constitution de Richelieu, avec ses bastilles et ses prisons d'état?

Il n'y avait plus réellement que des pouvoirs d'habitude, dont les limites n'étaient ni définies, ni respectées. Un lit de justice proclamait la royauté absolue, une lettre de cachet exilait les magistrats. Princes du sang, cardinaux, ducs et pairs, tous n'avaient, pour se défendre des caprices du souverain, que l'étiquette de cour et quelques usages consacrés; la royauté en était-elle plus forte? Avec toutes ses idées de commandement, et sa haute pensée d'elle-même, elle obéissait à des préjugés, à des inspirations d'un favori, ou d'une maîtresse. Elle disait : *Si veut le roi, si veut la loi*, et chaque année le pouvoir absolu revenait sur lui-même, faisait une espèce d'acte de contrition devant l'opinion publique. Les remontrances qui avaient fait exiler un parlement devenaient, quelques années après, la base des ordonnances.

Toute la haute noblesse avait quitté la province pour Versailles; on ne disputait plus, comme sous la fronde, pour conserver son manoir fortifié, mais pour monter dans les carrosses du roi. Prodigue, dissolue, la haute noblesse s'était fait un besoin des générosités royales. Chaque année, le produit des fermes et gabelles allait s'absorber dans les mains de cinquante grandes familles titrées, qui échangeaient souvent leur honneur contre *des acquits au comptant*. Ces familles composaient la cour du prince, flattaient ses goûts, et servaient ses caprices.

La petite noblesse de province avait conservé des habitudes plus sévères : ses fils allaient peupler les armées, comme souvenir des services militaires que leurs ancêtres devaient au souverain. Le grade de capitaine ou de major, la croix de Saint-Louis, et, dans le clergé, une abbaye de second ordre étaient son ambition et sa récompense. Excepté dans quelques provinces, cette petite noblesse était à charge au peuple. Comme elle habitait les campagnes, elle possédait presque exclusivement les seigneuries féodales, les juridictions arbitraires qui accablaient le paysan. En général, peu éclairée, elle se livrait à ses vieilles habitudes de dévotion et de chasse.

Le clergé offrait à peu près les mêmes divisions : les grandes dignités étaient dévorées par les hautes familles de la cour; on se faisait évêque, archevêque, pour jouir de riches prieurés et prébendes. Si on avait le bonheur d'être un la Rochefoucauld, un Rohan ou un Polignac, la pourpre venait de plein droit s'attacher en plis ondoyans sur vos épaules, et quatre ou cinq abbayes de 100,000 livres de rente valaient bien la peine d'endosser le petit collet d'abbé de cour, qui n'empêchait pas l'entrée des boudoirs et des toilettes. Le bas clergé était pris dans la classe bourgeoise. Il avait en général des mœurs, de la probité, des lumières. On le vit presque tout entier, à la première assemblée nationale, se prononcer pour le *tiers* et les idées libérales.

La magistrature formait moins un ordre qu'une famille ; c'était une longue chaîne de générations vouées au culte des lois. Les parlemens étaient formés d'une noblesse particulière, qui se transmettait les charges comme un patrimoine. L'esprit de corps tenait lieu de liberté ; on se liguait pour une préséance ; on dénonçait les abus, moins pour les abus, que pour constater le droit de remontrances. Les parlemens s'étaient vus exilés sous M. de Meaupou ; ils étaient revenus couverts des applaudissemens populaires. Une sorte d'austérité d'ostentation présidait au foyer domestique de la magistrature : les parlementaires allaient peu à la cour, vivaient entre eux; les grands noms du parlement, les d'Argenson, les d'Aligre, les Molé, les Séguier, les d'Aguesseau, les Gilbert-Desvoisins, les Pasquier, les Joly de Fleury, s'unissaient par des alliances. On remarquait pourtant quelque relâchement dans les jeunes héritiers des siéges parlementaires.

Les tribunaux de ressort, depuis le Châtelet jusqu'aux sénéchaussées, étaient ambitionnés par la bourgeoisie. Ce qu'on appelait les bonnes familles bourgeoises achetaient une charge de conseiller au Châtelet ou dans les juridictions de province. Il y avait peu de lumières dans cette magistrature, et souvent un profond oubli des devoirs. Lorsque le spirituel Beaumarchais mit en scène son Bridoison, bien des gens durent reconnaître leurs juges et leurs magistrats.

La scène et le monde retentissaient du ridicule des financiers : on les jouait sur le théâtre; on se riait de leur orgueil, et pourtant toutes les races titrées couraient après les dots et les filles de fermiers généraux. Ils étaient si magnifiques! leur petite maison était si riche! ils entretenaient si largement Mlle Contat ou Mlle Lange! La plupart des grandes familles étaient ruinées. Quel beau coup de filet pour un jeune seigneur, que les 3oo,ooo livres de rente d'un fermier général! Les noms austères de la magistrature n'y résistaient pas, et les terres du juif Samuel Bernard sont encore dans les mains d'une grande famille de robe.

Quand l'abbé Sieyes publia sa brochure : *Qu'est-ce que le tiers-état?* il sembla révéler un fait nouveau, en proclamant que c'était la nation tout entière. Cependant quelle vérité plus saillante! Depuis un siècle, le tiers-état avait pénétré dans toutes les parties du corps social ; il possédait les richesses, les lumières, tout ce qui donne de l'importance. Voulait-on créer un impôt, demander des emprunts, à qui s'adresser? au tiers, et puis, par une contradiction des plus bizarres, il ne trouvait aucune représentation politique; on fuyait la convocation des états-généraux, comme une révolution. Pauvres aveugles! la révolution était faite. Quand la marche du temps a déplacé les forces d'une société, il faut bien que les forces nouvelles trouvent leur place; autrement, elles la prennent avec violence, et voilà ce qui fait les révolutions!

Les finances étaient la plaie publique, et la

préoccupation du gouvernement, à la cour comme au ministère. Depuis Louis xiv, les revenus n'étaient plus en harmonie avec la dépense, et chaque règne ajoutait au déficit. Contre ce mal, les contrôleurs généraux avaient inventé bien des remèdes : Law avait tenté un système aventureux de crédit ; l'abbé Terray, de petites banqueroutes déguisées : il frappait tout : rentiers, magistrats, les charges, le libre commerce des grains. Les économistes seuls avaient envisagé la question avec maturité. Lorsque Turgot proposait l'impôt sur les terres indistinctement, sans privilége ; quand le comte de Saint-Germain supprimait les folles dépenses de la maison du roi, de ces brillantes et coûteuses compagnies qui entouraient le trône, ils mettaient le doigt sur la plaie ; mais comment convaincre la cour qu'il fallait renoncer à ses prodigalités? comment convaincre les privilégiés qu'il fallait renoncer à leurs priviléges ?

Aussi les économistes quittèrent-ils le ministère sans avoir rien fait. On ne voulut point de leur système d'états de provinces, de leur impôt territorial, de leurs retranchemens. On continua ce qui existait ; mais ce qui existait était un désordre. On marchait par soubresauts, par concessions, par coups d'état. A l'esprit philosophique on opposait la censure ; mais la censure aux mains de M. de Malesherbes propageait les livres lacérés par le parlement. Des ouvrages aujourd'hui presque oubliés, *le Système de la Nature* du baron d'Holbach, les impiétés de Boulanger, Diderot, Voltaire, prenaient place à côté des contes libertins de Crébillon fils et de l'abbé de Voisenon.

L'état se défendait par la police. C'était un petit luxe de surveillance, et les bulletins de M. de Sartine allaient égayer le cabinet secret; mais les bastilles, les îles de Sainte-Marguerite, les lettres de cachet ou d'exil ne pouvaient pas lutter contre des faits qui dominaient la société. On avait besoin d'argent, et l'argent ne se donnait qu'à de certaines conditions. Le clergé dissolu, en faisant des dons volontaires, gourmandait la faiblesse du gouvernement pour les protestans; les pays d'états demandaient des garanties; le Languedoc, la Bretagne ne voulaient livrer leurs dons qu'avec des promesses d'immunités; le parlement rejetait les édits bursaux; les financiers ne prêtaient plus qu'à des taux usuraires, et l'on continuait les prodigalités aux favoris, le livre rouge s'emplissait chaque jour de nouveaux dons.

Des principes nouveaux étaient jetés dans le public : la guerre d'Amérique avait fait germer dans de jeunes têtes nobilières des idées de république, de liberté anglaise; on s'occupait de réformes, de constitutions. Rien n'était plus singulier que l'esprit de la nation française lorsque la révolution éclata : tout était contradiction, la constitution et les faits; la religion et les mœurs, les rangs et la fortune, le pouvoir et les lumières; tout cela, pourtant, marchait encore et suivait son allure. C'est ce chaos qu'on appelle l'ancien régime, et qu'on a vu regretté par la restauration.

———————————

LA COUR.

1788.

La plupart des personnages de cour, qui ont figuré dans les deux restaurations, ont formé leur éducation et commencé leur vie sous le règne de Louis XVI. Cette première partie de leur carrière a dominé la seconde; ils ont rapporté, en 1814, les impressions de leur jeunesse, ces habitudes qu'ils avaient contractées dans la vieille cour. C'est là une des causes les plus actives de la décadence des Bourbons.

Le grand dauphin laissa trois fils, dont lui-même avait soigné l'éducation. L'aîné, d'abord duc de Berri, prit la couronne sous le nom de Louis XVI; le second eut le titre de Monsieur, comte de Provence; le troisième, celui de comte d'Artois.

L'esprit d'enseignement de la famille royale avait pris, depuis Louis XIV, un caractère uniforme :. quelques notions des sciences exactes, une connaissance superficielle de l'histoire, dirigée dans le sens du catholicisme et de la prérogative royale, et par-dessus tout, la haine contre les innovations de la politique et de la philosophie. L'éducation des princes tendait à leur inculquer l'idée du pouvoir divin de la royauté, et à leur enseigner l'obéissance absolue qu'ils devaient à l'aîné, appelé à la couronne et devenu en quelque sorte leur tuteur.

MONSIEUR, comte de Provence, s'était fait remarquer par une certaine application littéraire, non pas sérieuse et classique encore comme elle l'est devenue depuis, mais par cette littérature d'école et de boudoir, assez commune au règne de Louis xvi. On citait M. de Provence comme un bel esprit du temps : il faisait le madrigal avec assez de grâce ; ramassait-il un mouchoir, envoyait-il un bouquet? aussitôt de petits vers, qu'on trouvait adorables, étaient improvisés par MONSIEUR; il charmait la cour et était les délices de la province. Dans un voyage qu'il fit en Provence, les dames se l'arrachaient, comme il le dit lui-même, tant la grâce de son menuet avait séduit les cœurs. MONSIEUR vivait au

Luxembourg, son apanage, dans une espèce de retraite favorable aux muses; il ne dédaignait pas d'associer sa plume à celle de ses courtisans littéraires. Pour un petit nombre d'amis, il ne désavouait pas la paternité de l'opéra de Panurge. On disait que les amours étaient impuissans auprès de MONSIEUR, et cette triste réputation qui se répand si vite parmi les femmes, était entretenue par le caquetage de Mme de Balbi, son amie, qui, par son titre auprès de la comtesse de Provence, habitait le Luxembourg. MONSIEUR avait déjà joué un rôle politique; il avait signé la protestation des princes du sang contre l'exil du parlement, et lors de l'assemblée des notables il présida le bureau qui demanda la double représentation du tiers. Aussi le nom de M. de Provence était-il fort populaire.

M. le comte d'Artois avait un caractère tout opposé à son frère. Son éducation était entièrement négligée; il avait un esprit de mots, d'heureuses reparties de cour, mais il n'avait pas d'instruction, et les gens de son intimité avouaient que le jeune comte ne lisait jamais rien, si ce n'est le *Vicaire de Wakefield;* mais en revanche, M. le comte d'Artois avait tous les

brillans défauts d'un mauvais sujet de grande
maison, le jeu, le vin, les femmes ; il montait
gracieusement à cheval, tirait assez bien l'épée,
et jouait même agréablement la comédie. Ses
amours ne choisissaient pas ; il passait des
genoux de Mme la duchesse de Polignac dans les
bras de Mlles Contat et Duthé, et de là dans
ceux d'une fille de *guinguette*. Il reste encore
des débris de la correspondance avec l'actrice
qui fixa près d'une année le cœur du volage
amant, et le cynisme des expressions indique
un esprit usé par la débauche et qui cherche
à réveiller des émotions éteintes. Le comte
d'Artois faisait cependant les délices de la
cour de Louis xvi; il était de l'intimité et de
toutes les parties de la reine ; il y avait peu de
femmes qui n'eussent succombé aux tendres
propos de l'aimable comte, et la calomnie
allait plus loin et plus haut. M. d'Artois avait
signé la protestation des princes du sang
contre l'exil du parlement, mais dans l'assemblée des notables, il rangea son bureau à
l'opinion d'une seule représentation du tiers
et du vote par ordre, ce qui le sépara, dès
cette époque, des opinions politiques de M. le
comte de Provence. Ce prince avait deux

fils : le duc d'Angoulême et le duc de Berri ; ils étaient confiés aux soins du comte de Serrent, un de ces seigneurs à vue courte, propre seulement à les façonner aux principes et à l'étiquette de la vieille monarchie.

Les princes du sang, MM. d'Orléans, de Condé et de Conti voyaient peu la cour. La tige puissante d'Orléans visait déjà à la popularité. Le prince de Condé vivait à Chantilly, mais plein d'idées chevaleresques, il se faisait à tous propos le défenseur de la noblesse. Depuis la guerre de Sept-Ans le prince de Condé n'avait pas pris les armes ; mais, comme colonel général de l'infanterie, il commandait le camp de Saint-Omer, formé à l'occasion de l'entrée des Autrichiens dans les Pays-Bas. M. le prince de Conti s'était fait l'homme du parlement, ce qui lui avait valu de Louis xv, le surnom de *mon cousin l'avocat.*

Autour de ces princes s'étaient formées comme des cours particulières ; chacun avait ses favoris, ses protégés et ses petites intrigues. Monsieur aimait les comtes d'Avaray et de la Châtre, ses fidèles serviteurs. Le comte d'Artois était déjà l'inséparable de la famille Polignac, et partageait avec eux et la reine, les

faveurs du livre rouge. M. d'Orléans voyait
MM. Rochambeau, de la Fayette, et Lepelletier
de Saint-Fargeau, le parti anglais et réforma-
teur. M. le prince de Condé était entouré de
la noblesse d'épée, et M. de Conti, des parlementaires. Mais toute cette cour était dominée
par un esprit d'intrigues; on se disputait les
faveurs : un regard de la reine était acheté par
le cardinal de Rohan, au prix du fameux
collier. L'adjudication des fermes, la feuille des
bénéfices, tout était l'objet de honteuses
spéculations. Le plus honnête homme, l'infortuné Louis xvi, laissait ainsi aller l'état vers
la grande révolution qui se préparait.

LES ÉTATS-GÉNÉRAUX. LA CONSTITUANTE.

LA LÉGISLATIVE.

1789 — 1792.

La tactique des princes de la maison de
Bourbon, en présence des assemblées politiques, a peu varié depuis 1789. Elle a été la
même, sauf quelques exceptions, sous l'empire
de la charte qu'à l'origine de la révolution. Cela
se conçoit. Partant toujours de l'idée des prérogatives absolues de la couronne, élevés dans
une sorte de culte de leurs droits, ils ont inva-
riablement considéré tout partage de leur autorité comme une usurpation. Lorsque les circonstances leur ont imposé des concessions,
leur politique a consisté à les tourner pour
ramener le pouvoir absolu qu'ils envisagent
comme l'état naturel et légitime de la royauté.

Les états-généraux se réunirent le 13 mai
1789. Les cahiers des députés des bailliages ex-

primaient des sentimens presque uniformes : l'égale répartition de l'impôt, la liberté de conscience, la liberté de la presse, l'uniformité des lois, l'égalité du citoyen, l'admission à tous les emplois, la liberté individuelle garantie, l'abolition des lettres de cachet, des prisons d'état, enfin la réunion périodique des assemblées délibérantes pour le vote des subsides.

Ces garanties étaient depuis long-temps réclamées ; elles étaient passées dans l'opinion. Les ministères de Turgot et de Malesherbes en avaient favorisé le développement. La cour seule les voyait avec effroi ; elle avait essayé les assemblées des notables, les cours plénières. Toutes ces inventions du besoin et de la misère du trésor avaient échoué. On se résigna un moment aux idées libérales de M. Necker ; la double représentation fut donnée au tiers, et quelques jours après éclata le fameux coup d'état ou l'ordonnance du 23 juin.

Le coup d'état est une idée caressée par la maison de Bourbon. Faible comme elle est, cela lui donne une apparence de force. C'est une puissance d'apparat qu'elle aime à déployer. La déclaration du 23 juin a été souvent citée avant le coup d'état de Charles x. On s'y arrêtait avec complaisance. Le roi Louis xvi disait « qu'il voulait que l'ancienne distinction des ordres fût maintenue, car leur réunion seule formait les états-généraux. En conséquence les décrets du tiers-état étaient annulés. Chacun des ordres conservait ses prérogatives et votait spécialement sur les intérêts qui lui étaient propres. Le roi, de sa pleine puissance, accordait la plupart des garanties politiques demandées par les cahiers des états, puis il ajoutait :

« Vous venez d'entendre, Messieurs, le résultat de mes dispositions et de mes vues; elles sont conformes au vif désir que j'ai d'opérer le bien public. Et si , par une fatalité loin de ma pensée, vous m'abandonniez dans une si belle entreprise, seul je ferai le bien de mes peuples, seul je me représenterai comme leur véritable représentant. Et connaissant vos cahiers, connaissant l'accord parfait qui existe entre le vœu le plus général de la nation et mes intentions bienfaisantes, j'aurai toute la confiance que doit m'inspirer une si rare harmonie, et je marcherai vers le but auquel je veux atteindre, avec tout le courage et la fermeté qu'il doit m'inspirer. — Réfléchissez , Messieurs, qu'aucun de vos projets, aucune de vos dispositions ne peut avoir force de loi sans mon approbation spéciale. Ainsi, je suis le garant naturel de vos droits respectifs, et tous les ordres de l'état peuvent se reposer sur mon équitable impartialité. Toute défiance de votre part serait une grande injustice. C'est moi, jusqu'à présent, qui fais tout pour le bonheur de mes peuples, et il est rare peut-être que l'unique ambition d'un souverain soit d'obtenir de ses sujets qu'ils s'entendent enfin pour accepter ses bienfaits. — Je vous ordonne, Messieurs, de vous séparer de suite, et de vous rendre demain matin, chacun dans les chambres affectées à votre ordre, pour y reprendre vos séances. J'ordonne, en conséquence, au grand maître des cérémonies de faire préparer les salles. »

Par ce coup d'état sans objet, la cour s'aliéna les états-généraux, prépara la méfiance des députés et la prise de la Bastille. Il exista dès ce moment deux autorités dans le royaume. L'une populaire, appuyée sur la nation; l'autre faible, incertaine dans sa marche, et qui ne sut jamais où elle voulait aller. On déploya des forces militaires, puis on arriva aux concessions. Mais jamais une volonté entière, sincère, ne présida à ces mesures. Telle est l'influence des préjugés et de l'éducation, que la probité même, Louis xvi en un mot, ne put s'affranchir de cette double politique.

Le 5 août, après la nuit mémorable où tous les priviléges furent immolés sur l'autel de la patrie, Louis xvi avait accepté le titre de restaurateur de la liberté, il avait publiquement applaudi aux généreux efforts de l'assemblée, et le 26, il écrivait confidentiellement à l'archevêque d'Arles : « Je ne consentirai jamais à dépouiller mon clergé et ma noblesse, à priver l'un, des droits acquis à l'église gallicane par une antique possession, par le vœu des fidèles, à souffrir que l'autre soit dépouillée de tout ce qui faisait sa gloire et le prix de ses services. Si la force m'obligeait de sanctionner, alors il n'y aurait plus de monarque, plus de monarchie. »

Le 4 février 1790, le roi disait à l'assemblée nationale : « Je crois le moment arrivé où il importe à l'intérêt de l'état que je m'associe d'une manière encore plus expresse à la réussite de tout ce que vous avez concerté pour l'avantage de la France. Je ne puis saisir une plus grande occasion que celle où vous présentez des décrets qui doivent avoir une influence si importante et si propice au bonheur de mes sujets, et à la prospérité de l'empire. » Quelques jours après, il écrivait à M. le duc de Polignac : « Ceux qui, sous prétexte de tout régénérer, sapent les bases de la monarchie, n'ont point diminué d'audace depuis votre départ. Les maux de la France augmentent progressivement d'une manière effrayante. »

A qui le roi s'adressait-il pour placer sa confiance ? Quels étaient les hommes de son intimité ? Le côté droit de l'assemblée, les athlètes les plus ardens, les faiseurs de projets de contre-révolution. Le roi écrit à l'abbé Maury : « Vous avez le courage d'Ambroise, l'éloquence de Chrysostôme, il vous est impossible de transiger avec l'erreur; vous avez le cœur d'un Français de la vieille monarchie. Vous excitez mon admiration, mais je redoute pour vous la haine de nos ennemis communs. » Il disait à l'ardent Duval d'Espremenil : « Vous avez fait preuve, dans le sein de la représentation nationale, d'un zèle pour le maintien de la monarchie, qui n'a point échappé à ma sensibilité ni à celle de ma famille. » Il répondait au fougueux comte de Rivarol : « Le plan que vous m'avez remis est un chef-d'œuvre de politique et de philosophie. » Et quel plan, grand Dieu! des folies de parti, des extravagances dans le goût de la fuite à Varennes.

Au contraire, le roi éprouve une répugnance marquée pour tous les hommes qui ont participé à la révolution. Veulent-ils se rapprocher de lui? Il les repousse. Ce ne sont pas les ministres de son intimité. Le parti constitutionnel n'est appelé aux affaires que comme un pis-aller, et une nécessité qu'on subit pour un moment. Même dans les jours de péril, sous l'assemblée législative, ces répugnances survivent. « Tous ces gens-là ne me plaisent pas, et je ne puis choisir parmi eux, » disait le roi en parlant de la députation de la Gironde. Condorcet a la tête farcie de problèmes ; Vergniaud n'est pas assez froid pour le cabinet. Je ne choisirai pas un ministère parmi ces hommes-là. » Vergniaud lui propose un gouvernement mixte, une sorte de constitution anglaise. Le roi lui répond : « Vous avez des idées libérales, mais votre gouvernement mixte ne peut durer qu'un jour. » Malheureux prince! on eût été mieux écouté en exprimant des projets absurdes de contre-révolution, en rappelant l'ancien régime comme le comte de Rivarol, dont il se plaisait à dire : « Que le zèle et les lumières ne se ralentissaient pas. » C'est qu'en général on adopte plus volontiers les idées qui flattent que les idées utiles.

J'ai rappelé tout ceci, parce que la restauration a procédé par les mêmes moyens. Quels ont été les hommes des amitiés, les hommes des répugnances ! quelles idées ont été suivies, quels plans ont été préférés !

L'ÉMIGRATION.

1789—1792.

Dès l'instant qu'il y eut en France un ordre constitutionnel, une représentation nationale, une modification à l'antique royauté et aux influences de la cour, l'émigration commença. Alors chaque émigré se crut appelé à faire la restauration. Restaurer la monarchie consistait, dans les idées de cour, à replacer les choses en la même situation où elles étaient avant la réunion des états-généraux.

Les princes du sang, qui devinrent les chefs de l'émigration, avaient depuis long-temps manifesté leur opposition au nouveau système. Dans un de leurs mémoires ils avaient écrit : « Qui peut dire où s'arrêtera la témérité des » opinions? Les droits du trône ont été mis en » question; bientôt les droits de propriété seront » attaqués? Déjà on a proposé *l'abolition des*

» *droits féodaux* comme d'un système d'oppression, reste de la barbarie !.... »

La déclaration du 23 juin avait été conseillée
par le parti du comte d'Artois, qui proposa de la
soutenir par des mesures violentes. Les troupes
étaient réunies. Le prince avait demandé l'emploi de la force; une journée sanglante se préparait; Louis xvi répondit : « J'avais cédé, mon
cher frère, à vos sollicitations, mais j'ai fait des
réflexions utiles; résister en ce moment, ce serait s'exposer à perdre la monarchie. C'est nous
perdre tous. J'ai rétracté les ordres que j'avais
donnés, mes troupes quitteront Paris. J'emploierai des moyens plus doux. Ne me parlez
plus d'un coup d'autorité, d'un grand acte de
pouvoir, je crois plus prudent de temporiser. »

Le 16 juillet 1789, aux lueurs de la Bastille
en flammes, le comte d'Artois émigra. Le prince
de Condé le suivit. Ce fut du Piémont où les
princes se réfugièrent, qu'ils firent le premier
appel à la noblesse française. Quelques gentilshommes vinrent les joindre, car l'émigration
n'était pas encore une mode. Dans ces petites
réunions d'émigrés on disait les choses les plus
incroyables sur la révolution : « Le peuple français était étranger à la rébellion de quelques

factieux, il allait se hâter de relever le trône de ses rois. La noblesse de l'Europe était une. C'était la cause de tous les princes, de tous les gentilshommes qu'on allait défendre. On devait marcher à la tête de la noblesse de toutes les nations pour délivrer le monarque infortuné. »

Par ces manifestes, le but de la croisade d'émigration était positivement déterminé. C'était la noblesse qui voulait rétablir l'antique monarchie. Elle faisait sa cause de la restauration. Les révolutionnaires, c'était le tiers-état (c'est-à-dire la masse de la nation). Dès ce moment la séparation fut bien complète; il y eut commencement d'antipathie entre la *révolution* et la *restauration*.

La fuite de Louis xvi, l'arrivée de Monsieur à Bruxelles déterminèrent de plus en plus ce mouvement de l'émigration. C'était alors un point d'honneur parmi la noblesse de quitter ses châteaux, et d'aller rejoindre les princes et l'armée de Condé. Un gentilhomme n'avait pas de belles manières, lorsque le soir, à l'Opéra, il ne donnait pas rendez-vous à Coblentz. Ceux d'entre eux qui restaient en France étaient taxés de lâcheté. Les belles dames envoyaient des quenouilles aux gentilshommes qui préféraient à cette promenade à l'étranger, le service du roi et la défense de sa personne. Le drapeau de la fidélité était outre Rhin. Ce rassemblement s'accrut de tous les officiers qui n'avaient pas voulu prêter serment à la constitution de 1791. Bientôt Coblentz devint une cour brillante, une espèce de Versailles, avec ses plaisirs, ses dissipations et ses intrigues.

L'émigration forma comme une société particulière, une nation à part. Elle eut un drapeau qui ne fut plus celui de la nation, des intérêts étrangers à la France, une fidélité, des croyances que le pays ne comprenait plus; une langue qu'elle seule parlait; des prétentions qui blessaient les Français restés sur le sol.

Plus tard, lorsque des mesures de rigueur et de confiscation amenèrent des transmissions de propriétés, de puissans intérêts s'élevèrent contre l'émigration, et plus d'un tiers des propriétaires de France fut dès lors opposé à ce qu'on appelait la *restauration*.

Au nom de qui agissait M. le prince de Condé? au nom de la noblesse. Elle voulait rentrer dans ses droits, ses priviléges honorifiques et réels; elle revendiquait la féodalité elle-même.

Pas un mot sur les garanties politiques, ou sur les droits du peuple, sur les progrès de la société. Ce fut alors que s'introduisit dans le camp de M. le prince de Condé ce principe, qui est devenu la base du droit public des Bourbons : qu'un roi peut être captif, quoique libre au milieu de ses sujets, et qu'il y a d'autres juges que lui-même pour apprécier le degré d'indépendance de ses actes. Selon les émigrés, Louis xvi n'était pas libre depuis la déclaration du 23 juin, et voilà pourquoi les princes eux-mêmes s'étaient débarrassés de l'obéissance. Le roi leur prescrivait certains devoirs; ils répondaient que le roi était captif et continuaient à mépriser ses ordres. Le roi leur écrivait que l'émigration compromettait ses intérêts, exposait sa tête, et ils répondaient encore qu'ils ne reconnaissaient pas des lettres, pourtant écrites de sa main et revêtues de sa signature, parce qu'il était sous le joug des factieux. Singulier raisonnement qui faisait du dévouement une faculté capricieuse, et laissait aux passions et aux intérêts le soin de déterminer le caractère et le degré de l'obéissance!

N'avons-nous pas vu ces traditions commodes, conservées lors de la restauration, et

les vieux débris de l'émigration conspirer tout
haut contre Louis xviii, parce qu'ils n'aimaient
pas le ministre de ses affections, et que le roi
essayait de marcher dans des voies raisonnables !

LA COALITION.

1792—1793.

Les émigrés virent bien, dès leur première réunion, qu'il était un peu difficile de conquérir la France, et de soumettre au joug monarchique *cette poignée de factieux*, comme ils disaient dans leurs manifestes. C'est encore un travers royaliste, de ne considérer les grands changemens de besoins, d'intérêts et d'opinions chez un peuple, que comme le résultat des complots de quelques hommes pervers. Partant de cette donnée fausse, ils se sont brisés contre la France rajeunie.

La pensée de recourir à l'intervention étrangère fut contemporaine des premiers jours de l'émigration. Le comte d'Artois était à peine à la cour du roi de Sardaigne, que déjà ses démarches tendaient à armer l'Europe contre la

révolution de France. Dans un mémoire publié
à Turin le 3o octobre 1789, c'est-à-dire trois
mois à peine après le départ du comte d'Artois,
on posait au roi de Sardaigne les questions
suivantes : « Ne serait-il pas urgent que M. le
comte d'Artois envoyât en Espagne quelqu'un
de sûr, pour lui mander l'état actuel du royaume,
et ce qu'on y pense des troubles de la France?
Quelles sont ses dispositions, les personnes en
crédit? Le roi de Sardaigne a paru penser que le
gouvernement prussien serait disposé à soutenir
notre cause. Il serait convenable que le roi se
chargeât lui-même de faire quelque communication à cette cour. Le roi penserait-il qu'il y
ait de l'inconvénient que le comte d'Artois écri-
vît à M. le comte d'Escars, qui lui est attaché,
et qui se trouve à Vienne, de sonder les dispositions de l'empereur?»

Un peu plus tard, l'émigration montrait plus
explicitement ses vœux pour une invasion
étrangère. « La honteuse défection d'une partie
des troupes françaises, disait l'auteur d'un
mémoire soumis au comte d'Artois, ne paraît
pour le moment laisser aucun moyen à prendre
dans le sein de la France. Il faut donc le chercher
dans les puissances étrangères. On pense qu'il

est urgent de tâter les dispositions de l'empereur, des rois d'Espagne et de Sardaigne. On
pense même que, s'il fallait quelques sacrifices
pour les déterminer, la position de la France
ne permet pas d'hésiter à les laisser entrevoir.
Serait-il donc si onéreux pour la France de lui
faire acheter son salut par l'abandon de quelqu'une de ses colonies ? Et faire entendre à
l'Espagne, par exemple, que si la chose réussissait, les princes s'emploieraient à lui faire
céder la partie française de Saint-Domingue,
ou quelque autre possession française à la convenance de l'Espagne. Voyons quel intérêt
pourrait tenter la cour de Sardaigne. On n'en
a pas de plus propre à la déterminer que de
lui faire entrevoir la cession de la Bresse, petite
province détachée de la Savoie, seulement au
commencement du dernier siècle. » L'auteur
du mémoire hésite à abandonner l'Alsace et la
Lorraine à l'empereur. On se bornera donc à
lui demander de faire avancer un corps d'armée
vers les Pays-Bas. Si l'Espagne fournit des subsides, on ne doute pas qu'on ne puisse lever
beaucoup de monde en Suisse et dans les petites principautés de l'Allemagne. Alors les
troupes espagnoles s'avanceront par les Pyré-

nées; les Piémontais, par les Alpes; les Allemands, des bords du Rhin, et les Suisses par la Franche-Comté. Les princes se feront précéder par un manifeste où l'on proclamera l'illégalité des états-généraux actuels. »

Toutes les démarches de l'émigration tendaient donc à appeler l'étranger sur le territoire, à lui céder des colonies et des provinces. La cause royale et la restauration allaient désormais se mêler à toutes les idées qui blessaient profondément l'honneur national.

L'Europe avait accueilli les émigrés avec indifférence. L'empereur Léopold et ses ministres, le prince de Kaunitz et le comte de Mercy étaient opposés au système de l'émigration. Le cabinet prussien partageait ces répugnances. Non point que les souverains ne vissent avec peine la propagation des opinions libérales en France, mais l'idée d'une guerre, la joie même qu'ils éprouvaient à l'aspect des troubles qui devaient diminuer la prépondérance du cabinet français, les empêchaient de prendre une part active aux projets de l'émigration. L'Espagne et la Sardaigne, malgré les liaisons de parenté, se bornaient à des offres de secours pécuniaires sans efficacité. Quelle que fût la prodigieuse activité du comte d'Artois, à Padoue et à Pilnitz les alliés s'arrêtèrent à de simples déclarations vagues, à des *alors* et *en ce cas*, qui étaient loin de répondre aux impatiences armées de l'émigration.

Deux seuls cabinets ont reçu les éloges des soldats de Condé, la Suède et la Russie : le roi Gustave III et l'impératrice Catherine II. Il y avait dans le caractère de Gustave quelque chose qui plaisait à l'émigration; et puis n'avait-il pas brisé les états de Suède? N'avait-il pas opéré une contre-révolution? Aussi ne parlait-on, sous les tentes de Condé, que de ses grâces chevaleresques, de sa fermeté; on lisait tout haut sa lettre au chef de la noblesse française, où il exprimait sa douleur sur les maux de la famille royale, et promettait de prompts secours. L'impératrice Catherine écrivait : « M. le maréchal de Broglie, c'est à vous que je m'adresse pour faire connaître à la noblesse française, toujours inébranlable dans sa fidélité pour son souverain, combien j'ai été sensible aux sentimens qu'elle me témoigne. Sans noblesse, il n'y a point de monarchie. Les gentilshommes prodiguèrent leur sang et leurs efforts pour rétablir les droits de Henri IV et les leurs. Faites éclater dans vos actions le même esprit. Elisabeth secourut Henri iv, qui triompha de la ligue à la tête de vos ancêtres. Cette reine est digne sans doute de servir de modèle à la postérité, et je mériterai de lui être comparée par ma persévérance dans mes sentimens pour le petit-fils de Henri iv. En embrassant la cause des rois dans celle de votre monarque, je ne fais que suivre le devoir du rang que j'occupe sur la terre. »

Tous ces rapprochemens parlaient vivement à l'imagination de la noblesse ; mais, pour les secours, ils ne vinrent pas. Gustave iii fut frappé par un bras fanatique de la liberté opprimée, et Catherine ii était trop occupée du partage de la Pologne et de la guerre contre la Porte, pour secourir les émigrés. Les choses en vinrent à ce point, qu'excepté dans quelques principautés d'Allemagne, telles que les terres de Hohenlohë-Barthenstein, les émigrés furent obligés de se séparer. Ils y reparurent en armes, lorsque la guerre fut enfin déclarée par la France à l'Autriche et à la Prusse.

Comment se montra l'émigration dans cette campagne aux yeux de la patrie ? Comme un véritable auxiliaire de l'ennemi. Protesta-t-elle

contre le fameux manifeste du duc de Brunswick, qui menaçait de la dévastation les terres
conquises, et annonçait avec Burke que la
France allait désormais laisser un espace vide
sur la carte de l'Europe? Le corps de Condé fut
partagé en trois parties attachées chacune à
trois divisions des armées envahissantes. Son
drapeau fut opposé au drapeau national, et les
soldats français le rencontrèrent mêlé aux éten-
dards prussiens et autrichiens qui désolaient la
Champagne! Ainsi la génération qui s'élevait,
où avait-elle aperçu le premier drapeau blanc?

Les émigrés pouvaient-ils se tromper eux-
mêmes sur le but de l'invasion? Les places
conquises étaient administrées au nom des coalisés : leur couleur flottait sur les murailles. Le
prince de Condé voulut faire de son propre
chef un mouvement sur Landau. Il envoya prier
le prince de Hohenlohë, qui commandait une
armée autrichienne, d'appuyer son opération.
Il lui fut répondu : « J'en suis désespéré pour
le prince de Condé, mais il n'entre pas dans le
plan des puissances qu'il occupe en ce moment
Landau, ni aucune autre place de l'Alsace.
Les mêmes intentions d'un partage de la France
se trouvent formellement exprimées dans le

texte du congrès d'Anvers, entre la Prusse et l'Autriche.

A quoi donc était réduite l'émigration, cette fraction imperceptible de la France, pour tenter la restauration! Elle se présentait avec l'étranger, elle recevait une solde de ses mains. On ne voulait pas même lui confier d'expéditions décisives et importantes; elle concourait au partage de la patrie, malgré sa volonté, sans doute, mais le résultat n'en était-il pas toujours le même? Combien donc, lorsque la France eut vaincu à Valmy, à Jemmapes, lorsque ses armées se débordèrent sur la Belgique, ce nom d'émigré dut laisser des souvenirs antipathiques au pays?

Fatalité inflexible! Deux fois la restauration s'est opérée, deux fois par la main de l'étranger. Et dans toutes ces crises, à qui donc en a-t-elle toujours appelé?

1793 — 1795.

Toutes les fois que la restauration a voulu rappeler le modèle des Français, le beau idéal de notre caractère, elle a toujours cité les Vendéens. N'a-t-on pas regretté, même à la tribune, que la France entière ne fût pas une Vendée ? Il y eut sans doute du courage sur cette terre, de grands caractères, de nobles dévouemens ; mais, sans retracer ici l'épopée de la guerre, voyons quels principes et quelle société les succès des Vendéens auraient fait triompher.

Les émigrés voulaient restaurer le trône, tel qu'il existait au siècle de Louis xiv. Les Vendéens s'armaient pour restaurer les autels, non pas tels que le 18ᵉ siècle pouvait les reconnaître, les adorer ou les subir ; mais les autels des 12ᵉ et 13ᵉ siècles, avec tous leurs prestiges et leurs superstitions. La guerre de la Vendée était une espèce de croisade religieuse, contre les progrès des opinions philosophiques, comme l'émigration fut une sorte d'entreprise chevaleresque contre la marche naturelle des opinions politiques. Que fût-il arrivé si la Vendée eût opéré une contre-révolution? quel gouvernement serait sorti des idées de Cathelineau, de Stofflet, et de l'exaltation religieuse de M. Lescure? La France, au 18ᵉ siècle, aurait-elle long-temps souffert le joug des paysans du Boccage, de ces campagnards qui s'agenouillaient devant les miracles de l'abbé Bernier! La restauration était par conséquent impossible par la Vendée. Quelle faute donc pour cette restauration de citer sans cesse la Vendée comme exemple et comme modèle! La reconnaissance peut élever des autels domestiques à la fidélité, tapisser le palais de Saint-Cloud des héros martyrs de la cause royale, mais offrir comme type du caractère national, une terre de simplicité et de fanatisme, l'appeler la vraie France, placer sur nos gloires patriotiques, un groupe de paysans affublés de croix, c'était plus qu'une faute; faute d'ailleurs inhérente à toute restauration, qui, autrement, se croirait ingrate..

La situation de la Vendée, et particulièrement du Boccage, les mœurs de ses habitans., expliquent très-bien les causes de la guerre civile. Ces provinces du Poitou, de l'Anjou, du Maine avaient conservé cette piété superstitieuse et ces habitudes féodales, que Mme de Bonchamp et Mme de Larochejaquelein nous présentent comme des modèles d'honneur, de religion et de vertu. La noblesse n'était point riche; quelques châteaux fortifiés entourés de métairies, dont les plus opulentes n'excédaient pas 600 livres de rentes, des chemins de traverse entourés de haies hautes et serrées, des terres coupées en tous sens par des fossés et d'une culture médiocre, tel était l'aspect du pays. Le paysan y était simple, ignorant, attaché à son seigneur, et plus encore à son curé. Aucune des commodités de la vie, aucun des aises de la civilisation n'avait pénétré dans cette terre; les châteaux étaient sans luxe; les métairies offraient l'aspect de la saleté et de la misère.

Les premiers mouvemens dans la Vendée se lient à la publication de la constitution civile du clergé. Lorsqu'on remplaça les curés réfractaires de la Vendée par des prêtres assermentés, les paysans refusèrent d'aller à la messe, et préférèrent assister dans les bois aux instructions et aux sacrifices de leurs anciens pasteurs. Mme de Larochejaquelein cite comme un trait d'une mâle désobéissance, que des paysans Vendéens refusèrent d'enlever les *bancs seigneriaux* dans les églises.

Après le 6 octobre 1789, il s'était formé dans la Vendée une coalition de gentilshommes, pour soutenir les droits du trône et les intérêts de l'autel. Cette coalition donnait la main à toutes les sociétés du même genre dans la Bretagne, l'Anjou et la Normandie, qui se lièrent plus tard au camp de Jalès. Mais tel était l'esprit de vertige qui animait alors la noblesse, qu'elle courut outre Rhin abandonnant les chances d'une confédération intérieure. MM. de Lescure et de Larochejaquelein, eurent toutes les peines du monde à conserver leur honneur intact, parce qu'ils avaient préféré le service auprès du monarque dans sa garde constitutionnelle, à la fuite à Coblentz.

L'insurrection des Vendéens éclata à l'oc-

casion de la levée des 3oo,ooo hommes,
ordonnée par la convention; quelques paysans de Challans, dans le Bas-Poitou, et de
Saint-Florent en Anjou, résistèrent aux'ordres
de l'administration centrale; des magistrats
voulurent les haranguer, ils devinrent plus
hardis ; une pièce de canon fut braquée
contre eux, ils s'en emparèrent, et sous la
conduite de Cathelineau, voiturier, colporteur
de laine, et de Stofflet, garde de chasse de
Maulevrier, ils se rendirent maîtres de leur
village, et en définitive de Cholet, chef-lieu de
district.

Jusqu'alors les paysans seuls avaient agi; le
motif de leur soulèvement était purement
défensif contre une mesure de la convention,
à laquelle ils ne voulaient pas se soumettre.
Mais, après la prise de Cholet, les Vendéens
virent bien qu'il fallait donner une plus grande
importance à leur insurrection et la régulariser. Ils parcoururent donc les châteaux demandant au petit nombre de gentilshommes
qui restaient, de se mettre à leur tête. MM. Del-
bée et Bonchamp, tous deux anciens officiers,
prirent le commandement. Dans le Bas-Poitou,
l'insurrection s'était étendue de Fontenay à

Nantes, d'abord sous les ordres d'un nommé Gaston, perruquier, et puis de M. Charrette. Le mouvement s'organisait avec beaucoup d'ensemble. MM. de Larochejaquelein et de Lescure lui donnèrent un impulsion toute royaliste et religieuse ; la cocarde blanche et la croix devinrent les signes révérés des Vendéens.

Dès ce moment la guerre civile la plus sanglante et la plus déplorable fut organisée. Les *bleus* et les *brigands* devinrent les dénominations par lesquelles les républicains et les Vendéens se désignèrent mutuellement. La Vendée fut ensanglantée ; des combats douteux, des victoires disputées, des traits sublimes, et surtout du sang français répandu à grands flots, voilà le spectacle qu'offrirent ces contrées ! Tous ceux qui ont le souvenir de ces temps de désastres, peuvent dire quel sentiment inspirait cette lutte affreuse ! Qui aurait pu appeler de ses vœux une restauration opérée par cette épouvantable guerre civile ! Pouvait-on souhaiter le triomphe du parti des Stofflet et des Charrette, alors qu'ils favorisaient l'invasion étrangère, menaçant nos frontières !

Si le nom vendéen rappelle des souvenirs de fidélité et d'éclatantes preuves de dévouement

à une cause malheureuse, il dut inspirer à
la génération contemporaine, une répugnance
pour ce drapeau qui se couvrait du sang
français, tandis que les Prussiens et les Autrichiens envahissaient notre territoire!!

LES ROYALISTES DANS LE SOULÈVEMENT CONTRE LA CONVENTION.

1793.

La constitution si épouvantablement énergique de 1793, les moyens terribles du comité de salut public, la journée du 31 mai et la proscription des Girondins, avaient produit en France une commotion violente. L'esprit de fédéralisme s'était partout étendu, en Normandie, à Lyon; dans le Midi, à Bordeaux, à Marseille, à Toulon. Le principe de ce mouvement n'avait rien d'abord de royaliste, c'était une résistance pure et simple à la tyrannie de la convention nationale, un appui offert aux députés proscrits et fuyant la mort.

Le parti de l'émigration manqua toujours à ses destinées, parce qu'en s'associant aux mécontens, quelles que fussent leurs couleurs, il voulut immédiatement leur imposer son esprit, sans adopter aucune des conditions nouvelles de la société. La restauration, depuis 1789, unie aux Vendéens comme aux républicains ombrageux, s'est toujours présentée avec son drapeau blanc, sa monarchie de 1787, sans considérer si, par cette inflexibilité de son principe, elle n'éloignait pas d'elle des bras qui auraient pu la seconder.

Comme on l'a dit, le mouvement fédératif n'eut rien de royaliste dans son origine ; les armées départementales furent créées au profit de la Gironde, contre la constitution de 1793 et les clubs qui effrayaient la partie paisible de la population. A Marseille, à Toulon, à Bordeaux, à Lyon, ce fut d'abord une guerre entre les sections et les clubs à l'occasion de l'acceptation ou du refus de l'organisation révolutionnaire. Mais les royalistes étaient cachés derrière tous ces mouvemens, et lorsque la rupture fut complète entre la convention et les départemens soulevés, les royalistes arrivèrent pour faire profiter de ces divisions, la cause qu'ils défendaient. A Marseille l'armée départementale se plaça sous le commandement de M. de Villeneuve émigré, si bien que lorsque Rebecqui, proscrit, arriva dans sa ville natale, la douleur qu'il éprouva de voir le parti royaliste triompher, le détermina au suicide. On trouva son corps à la mer. Cependant à Marseille on n'eut pas le temps de prendre les couleurs des Bourbons et de proclamer Louis xvii. Lorsque Carteaux arriva dans la ville, la lutte était encore dans toute sa force entre les sectionnaires et les clubistes. A Toulon les royalistes prirent en main toute la direction. Le drapeau blanc fut arboré et Louis xvii proclamé. Le parti, selon ses habitudes, s'allia à l'étranger, et Toulon devint la proie des Anglais et des Espagnols. Monsieur devait y établir le siége de son gouvernement. Sa prudence, les obstacles que nous aurons à raconter, et surtout les rapides succès de l'armée de Dugommier, empêchèrent l'arrivée du chef de la famille des Bourbons sur le territoire de la république. M. de Précy défendit Lyon au nom du régent. Les émigrés avaient depuis long-temps compté sur cette ville, et dans tous les plans d'invasion ou de contre-révolution, ils la faisaient entrer comme base de leurs opérations militaires, ou de leurs intrigues; dans la Normandie et la Gironde, les députés proscrits voyaient avec douleur quels desseins les roya-

listes avaient cachés sous le prétexte de la
résistance naturelle à la tyrannie de la convention. Partout la contre-révolution se montrait
pour dominer le mouvement. Elle apportait
ses signes décrépits, ses vieilles couleurs. Le
parti de la Gironde fut repoussé comme la révolution même. L'émigration se montra telle
qu'elle avait toujours été ; aussi ses forces dimi-
nuèrent-elles, et la convention fut bientôt maîtresse d'une résistance qui se séparait de l'opinion et de la France.

La fédération départementale, bien secondée
par les royalistes, qui se seraient rapprochés des
Girondins par l'adoption de la constitution de
1791 et des couleurs nationales, toute la France
se serait jointe à ce mouvement, parce que se
débarrassant du joug de la convention, on
ne sortait pas de la révolution de 1789 et des
faits accomplis. Mais, au lieu de cela, que firent
les royalistes ? Ils vinrent avec la cocarde
blanche et le drapeau de Condé. Aucune garantie ne fut promise, la contre-révolution voulut s'imposer pure et simple : elle repoussa les
constitutionnels ; elle leur demanda des repentirs, au lieu de leur faire des concessions ; elle
fut dès lors abandonnée. Elle offrit encore

l'holocauste de quelques milliers de victimes aux fureurs des Dubois-Crancé, des Collot d'Herbois et des Fréron! Puis il resta comme souvenir odieux pour la cause royale, qu'elle avait livré Toulon, ses arsenaux et notre marine aux Anglais!

Que fit plus tard la restauration? elle honora ces époques funèbres comme des souvenirs de gloire, et l'élévation de Louis xvii, qui se liait à une déplorable trahison, mérita à Toulon le titre de bonne ville.

COURS DU RÉGENT ET DU COMTE D'ARTOIS.

1791—1795.

Il faut que je revienne un peu sur les temps. Dès que Monsieur eut quitté le sol de la France, il prit en main la direction des intrigues extérieures contre la révolution française, ce qu'on appelait les *tentatives* pour opérer la restauration de la monarchie. Monsieur n'avait pas de qualité officiellement reconnue par les cabinets. Il n'était, aux yeux de l'étranger, que le frère aîné du roi Louis XVI. On l'accueillit avec déférence, comme on avait fait pour le comte d'Artois, mais les rapports politiques continuèrent, comme par le passé, avec la cour des Tuileries. L'agent secret et de confiance de Louis XVI, M. de Breteuil, était le seul accrédité auprès des cours de l'Europe pour les affaires de la monarchie française.

Cependant Monsieur n'était point satisfait de cette position équivoque. Il ne cessait d'agir auprès des cabinets étrangers pour se faire reconnaître sous un titre officiel qui pût devenir un centre commun d'action. Monsieur propageait, autant qu'il le pouvait, l'idée que le roi était captif, et que, par conséquent, il fallait établir une régence. En réponse à une lettre qu'écrivait Louis xvi à Louis-Stanislas-Xavier, prince français, frère du roi; Monsieur répondit : « Sire, mon frère et seigneur, M. de Vergennes m'a remis de la part de Votre Majesté une lettre dont l'adresse, malgré mes noms de baptême qui s'y trouvaient, est si peu la mienne, que j'ai pensé la lui rendre sans l'ouvrir; cependant, sur son assurance positive qu'elle était pour moi, je l'ai ouverte, et le nom de frère que j'y ai trouvé ne m'ayant plus laissé de doute, je l'ai lue avec le respect que je dois à l'écriture et au seing de Votre Majesté. L'ordre qu'elle contient de me rendre auprès de Votre Majesté n'est pas l'expression libre de sa volonté, et mon honneur, mon devoir, ma tendresse même me défendent également d'y obéir. »

Ces puériles distinctions, ces frivoles vanités n'étaient point admises par les cabinets sérieusement préoccupés de la révolution française.

Louis-Stanislas-Xavier avait beau invoquer les lettres patentes d'institution de régence que lui avait délivrées son frère le 6 octobre, lors du départ de Versailles pour Paris, ces lettres avaient été de fait annulées par le retour de Louis xvi et l'acceptation de la constitution de 1791. Telle était l'opinion du baron de Breteuil et des ministres des cabinets étrangers.

Après le 10 août, de nouvelles démarches furent faites aussi inutilement. La captivité du roi Louis xvi était réelle au Temple, mais les sollicitations de MONSIEUR ne trouvèrent appui que lorsque la catastrophe du 21 janvier 1793 eut appelé Louis xvii, mineur, à la couronne de France. Ce fut alors que le comte d'Antraigues publia son fameux mémoire sur la régence, qui lui valut toute la confiance de MONSIEUR.

Emmanuel-Louis-Alexandre Delaunay comte d'Antraigues avait été député de la noblesse aux états-généraux. Il s'y était distingué par une série d'écrits pleins d'érudition et de sagacité sur l'origine de ces états. Mais, après la prise de la Bastille et le mouvement rapide de la révolution, le comte s'était assis à droite, et avait voté avec les membres les plus ardens de ce côté de l'assemblée. Il quitta la France en février 1790 et se retira en Suisse, où il écrivit plusieurs brochures en faveur de l'émigration. L'une d'entre elles sous le titre : *Tout ou rien*, lui avait gagné l'attention des princes. C'était une âme ardente, mais tempérée par une raison froide et de véritables lumières. Le comte d'Antraigues avait un besoin d'intrigues, de mouvement qui le rendait propre à conduire les affaires de l'émigration.

Le mémoire de M. d'Antraigues sur la régence fut publié à Neufchâtel ; il y était dit : « que le pouvoir légitime, que la liberté de Louis XVI avait cessé du jour où l'assemblée nationale prononça l'exécrable serment de ne plus reconnaître au roi le pouvoir de la dissoudre. En fait de régence, il demeure prouvé qu'il faut s'en rapporter à la loi fondamentale, et que cette loi veut qu'en cas de minorité ou d'empêchement du roi, la régence soit déférée au plus proche parent. Et, en conséquence, MONSIEUR, frère du roi, a obéi aux lois fondamentales en prenant le titre de régent, en imitant Charles V et Charles VII, et en se proclamant seul et sans aucune autre intervention le légitime administrateur de l'empire pendant la minorité de Louis xvii. Au lieu de blâmer Monsieur de s'être emparé de la régence après l'assassinat de Louis xvi, c'est d'avoir différé jusqu'à ce moment d'obéir aux lois de l'état qu'il aura à se justifier aux yeux de la postérité. La loi était précise. La prison du roi était manifeste depuis le 6 octobre 1789. Dès cet instant, l'exercice de la royauté était dévolu au plus prochain héritier de la couronne. La prison de Louis xvi, martyr, était mille fois plus rigoureuse que celle de Jean, prisonnier d'Edouard, quand Charles v se déclara régent. Maintenant que, sous le glaive du régicide, reposent les têtes les plus sacrées, que le jeune roi n'aperçoit autour de lui que les assassins de son père, c'est précisément dans ce moment difficile que le légitime régent de France doit en réclamer le titre; c'est lorsque tout est perdu qu'il doit espérer encore; c'est lorsque les lois sont anéanties qu'il doit attester par son exemple leur indestructible empire. Ainsi se conduisit Charles vii, ainsi s'est conduit Monsieur; et on ose improuver en lui un acte de courage dont ses augustes ancêtres lui avaient donné l'exemple. « Il aurait dû, dit-on, attendre la reconnaissance des puissances; non, il devait la prévenir. Les puissances peuvent ignorer nos lois; c'est à l'héritier du trône à les leur rappeler, c'est à lui à leur dire, le roi ne meurt jamais en France; il vit en Louis XVII, et il agit par moi, légitime régent de son empire.»

Ce mémoire était destiné tout à la fois à convaincre les émigrés dévoués au comte d'Artois, qui ne voulaient pas de la régence, parce qu'elle allait centraliser les intrigues et les affaires dans les mains de MONSIEUR, et les cabinets étrangers qui, dans leur dessein de conquête et de partage de la France, s'opposaient à l'adoption d'un titre royal en faveur d'un membre de la maison de Bourbon. Les émigrés s'entendirent à la fin. L'autorité fut ainsi divisée : le comte d'Artois reçut la dignité de lieutenant-général du royaume, et MONSIEUR, celle de régent. Les royalistes reconnurent ces deux titres. Ils furent mis à l'ordre dans l'armée de Condé.

Quant aux cabinets étrangers, le comte de Moustiers se chargea de la négociation. Il lui fut ordonné par MONSIEUR de démontrer aux cours l'urgence d'organiser un centre commun pour diriger le parti royaliste en France. Une première conférence où assistaient le duc de Brunswick, le prince de Hohenlohë-

Kirchebert, le prince de Nassau et le marquis de Lambert, ne produisit aucun résultat. Les négociations se poursuivirent avec persévérance. L'impératrice Catherine reconnut la régence, et accrédita le comte de Romansow. Les autres cabinets ne furent jamais francs dans la reconnaissance de cette qualité. Il y eut hésitation et tâtonnement.

MONSIEUR, devenu régent, après avoir séjourné quelques mois à Hamm, vint habiter Vérone. Il y forma, de sa cour, un conseil de régence composé de M. le duc de la Vauguyon, du baron de Flachslanden et du marquis de Jaucourt. M. de la Vauguyon, de la famille des Quelen, homme d'esprit et de manières, était fils unique du duc de la Vauguyon, gouverneur des enfans de France. Il avait porté le titre de duc de Saint-Mégrin, et fait la guerre de Sept-Ans; il avait été l'un des menins du dauphin, depuis Louis XVI. D'abord ambassadeur à La Haye, ministre des affaires étrangères, puis ambassadeur à Madrid, il avait acquis une certaine réputation d'habileté diplomatique, mais au fond peu capable d'affaires, se piquant d'insouciance et d'originalité. On lui demandait un jour son sentiment sur la révolution française, il répondit : « Je ne suis pas ennemi de la liberté et de l'égalité. Je suis cosmopolite. » Bizarre réponse ! qui suppose dans le ministre du régent une bien grande ambition de singularité ! Son fils, le prince de Carency, libertin, joueur, spirituel, instruit, remplissait alors la Suisse et l'Italie de sa célébrité aventureuse. Le baron de Flachslanden et le marquis de Jaucourt n'exerçaient qu'une influence secondaire. Tout se faisait directement par le duc de la Vauguyon, ou confidentiellement par le comte d'Avaray, l'ami intime du régent, mais qu'il n'aimait point à mêler dans les affaires. Le prince de Broglie avait eu un moment le ministère de la guerre, mais il avait des rapports plus directs avec la partie active de l'émigration et l'armée de Condé.

L'homme important, l'homme agissant était le comte d'Antraigues. Le régent lui avait confié la correspondance à l'intérieur. C'était lui qui avait organisé les agences, fondé les associations en France. L'on peut dire qu'il y mettait un zèle et un dévouement remarquables. M. de Montgaillard n'avait point encore offert ses services. MM. de la Vauguyon et d'Antraigues faisaient tout, et ils avaient la confiance entière du régent. Au reste, une foule d'intrigans, de courtisans se pressaient autour de ce pouvoir déchu. C'était un trafic d'argent, une véritable exploitation des subsides de l'Espagne, de l'Angleterre et des autres puissances.

La cour de M. le comte d'Artois était entièrement séparée de celle du régent. Il y avait même de la jalousie, de la haine entre ces deux fractions émigrées. M. le comte d'Artois suivait les avis de M. de Calonne, son favori et son agent. Rien ne se faisait que par la coterie de ce ministre. Le comte François d'Escars, le marquis de Rivière, le comte Melchior de Polignac étaient dans les amitiés et dans les faveurs du prince. C'était une espèce de domesticité qui plaisait au comte d'Artois; il trouvait dans ces favoris, complicité pour ses plaisirs et ses intrigues. Tout ce qui avait de la sincérité dans le caractère, de la force d'âme, de la bravoure, s'en était éloigné, et M. de Vauban nous en a laissé de tristes témoignages!

M. le comte d'Artois, immédiatement après avoir reçu le titre de lieutenant-général du royaume, se dirigea sur Saint-Pétersbourg, d'après l'invitation de l'impératrice Catherine.

Il y fut reçu avec honneur, mais son séjour dans la capitale de la Russie laissa une fâcheuse impression sur son caractère et son courage. Il s'agissait de lui confier 30,000 Russes, que les subsides de l'Angleterre devaient conduire sur les côtes de Bretagne, pour seconder les Vendéens. Mais le comte d'Artois montra si peu d'empressement, que le prince Estérhasy et le comte Platon de Zowbow, favori de l'impératrice, abandonnèrent ce projet. Toutefois, pour exciter le caractère chevaleresque du prince, caractère dont on parlait alors, comme on a parlé depuis, Catherine lui donna une épée dont la poignée était garnie en diamans et lui dit : « Que cette épée vous ouvre le royaume de France, comme à Henri IV, votre aïeul. » Le comte répondit : « Je vous jure que je me rendrai digne de la haute opinion de Votre Majesté Impériale. » Que fit ensuite M. le comte d'Artois? Arrivé à Londres, il vendit l'épée donnée par l'impératrice 4000 l. sterling, qu'il employa en des secours généreux envers l'émigration. L'épée n'avait point été remise pour faire des actes de bienfaisance, mais pour conquérir un royaume !

LES ROYALISTES
APRÈS LE 9 THERMIDOR.

1794—1796.

Le régime de la constitution de 1793 avait si violemment tendu les ressorts, si effroyablement mis en jeu la machine du gouvernement, qu'après la chute de Robespierre une réaction vive et caractérisée se manifesta contre la république. La révolution faite au sein de la convention nationale et des comités n'avait rien de royaliste; les hommes qui l'avaient tentée avaient donné des gages sanglans à la terreur; tous étaient régicides; mais ceux qui font un mouvement n'en prévoient jamais la portée, il entraîne toujours au-delà du but qu'on se propose : le 9 thermidor ouvrit la porte aux plus effrayantes réactions : la convention, les autorités constituées, tout fut poussé par les flots de l'opinion publique.

Après le 9 thermidor, le royalisme fut une mode. Les jeunes gens de Paris et des provinces n'osaient point ouvertement porter la cocarde blanche; mais des signes les distinguaient : les cadenettes, les habits à collets longs et rabattus, le nom de *muscadin*, les séparaient des républicains, qu'ils ne désignaient plus que par l'épithète de terroristes. Aux théâtres, au Palais-Royal, on poursuivait les patriotes des cris de proscription et de l'air du *Réveil du peuple*. Il y avait chaque jour des combats sanglans entre les jacobins et les jeunes gens de bonne compagnie. Dans les réunions, dans les bals, les dames n'accueillaient que ceux qui avaient cassé au moins un *bambou* sur les épaules d'un patriote ou d'un conventionnel.

Partout, dans le midi, s'étaient organisées des bandes furieuses qui, sous le nom de *Compagnie de Jésus ou du Soleil*, massacraient les républicains et jusqu'aux défenseurs de la patrie. Avignon avait vu se renouveler ses *glacières*, Marseille était témoin d'un nouveau 2 septembre, dans le fort Saint-Jean; Fréron, Coudroi, Durand-Maillane, avaient enflammé de l'esprit d'une cruelle réaction toute la jeunesse méridionale. Chaque jour la convention écoutait en frémissant le récit de quelque nouveau massacre, non plus au profit de son pouvoir, comme les mitraillades de Lyon, de Toulon, mais pour le triomphe de la cause royaliste.

La convention avait été forcée, par l'opinion publique, de rappeler par un décret général les proscrits du 31 mai, journée fatale à la Gironde; la porte était ainsi ouverte à l'émigration. Sous le prétexte qu'ils étaient victimes de cette proscription républicaine, une multitude de royalistes étaient rentrés en France, et s'étaient fait rayer de la liste des émigrés : l'un prenait un état manuel pour mieux cacher son origine, l'autre cherchait à se pousser dans l'administration publique. Ainsi, le régent alors à Vérone, le comte d'Artois, le prince de Condé, avaient des amis dans les districts de département et dans le sein même de la convention.

Les assemblées primaires s'étaient réunies pour l'acceptation de la constitution de l'an III. L'esprit public s'y manifestait contre la convention, et en faveur du royalisme. La section Lepelletier, qui menait toutes les autres, voyait chaque jour des orateurs exciter les citoyens à prendre les armes; la garde nationale de chaque section était parfaitement disposée à soutenir ce mouvement. MM. Richer-Sérisy, Lacretelle, en étaient les orateurs; on suivait leur impulsion de guerre contre la convention nationale. Le prétexte portait bien sur des griefs constitutionnels; mais le fond de tout le mouvement était royaliste. Derrière les droits de la souveraineté du peuple que l'on défendait, se montraient le prétendant, sa cour et ses agens. C'était l'esprit de l'époque.

Il n'y avait qu'un grand mouvement qui pût délivrer la convention, ou faire triompher la cause royaliste; il fut tenté le 13 vendémiaire. Que serait-il arrivé si la restauration s'était opérée à cette époque? elle n'aurait pas duré trois mois. L'émigration, encore toute fraîche, serait arrivée avec ses prétentions et ses préjugés vivaces. La révolution, que le régime de l'empire n'avait point encore assouplie, aurait opposé son énergie et ses forces; et, dans une crise nouvelle, la famille des Bourbons, peut-être tout entière, aurait disparu. Le royalisme de 1795 était plutôt la haine du régime de la terreur, qu'un enthousiasme et un dévouement pour la famille déchue. Et, si dans les temps paisibles de la première restauration de 1814, les Bourbons commirent tant de fautes, quelles plus grandes leur étaient réservées, à une époque où la république avait conservé tous ses mâles caractères!

1795.

La situation des esprits en France avait fait penser aux chefs de l'émigration, que le moment était venu de frapper avec énergie, et de seconder les mouvemens de l'intérieur. On a vu que le comte d'Artois, dans son voyage de Russie, avait reçu la promesse d'un secours de 3o,ooo Russes, que l'on transporterait sur les côtes de la Bretagne et de la Normandie, pour opérer, à l'aide des Vendéens et des chouans sous les ordres de M. de Puisaye et de Charrette, une diversion sur la capitale. Le cabinet anglais, craignant de ne point obtenir l'assentiment du parlement pour les subsides, avait renoncé à un si coûteux transport de troupes étrangères. On arrêta seulement qu'une flotte anglaise réunirait les régimens émigrés au service d'Angleterre, ainsi que quelques troupes anglaises, et qu'on les débarquerait sur les côtes de Normandie et de Bretagne, où 5o ou 6o,ooo Vendéens devaient les joindre. Pour donner plus d'importance et d'efficacité à cette expédition, les princes français devaient se mettre à la tête des corps de débarquement. On le proposa à M. le comte d'Artois, qui accepta.

D'après les renseignemens fournis par M. de Puisaye, rien n'était facile comme le succès de cette expédition. La Bretagne, où l'on devait d'abord marcher, avait reçu une forte organisation royaliste. A la tête de l'administration se trouvait un conseil général de Bretagne, dont la juridiction se divisait en quatre arrondissemens : le Morbihan, l'Ille-et-Vilaine, les Côtes-du-Nord et le Finistère. Ces quatre arrondissemens formaient quatre armées, sous les ordres de Georges Cadoudal, de Puisaye, de Stofflet et de Scepeaux. Elles se subdivisaient en compagnies de paroisse et de canton, chacune sous un chef militaire. Ces mêmes divisions se produisaient pour l'organisation civile, qui obéissait au conseil-général, composé de treize membres. Un système d'étroite surveillance répondait de la fidélité des engagemens. La Vendée, la Normandie, avaient également reçu leur organisation. Les royalistes n'avaient oublié qu'une chose, c'est qu'ils avaient devant eux l'armée républicaine, et ce jeune général Hoche, auquel tant d'espérances étaient attachées !

Le comte de Puisaye avait rédigé avec beaucoup de soins une proclamation au nom du jeune roi Louis XVII. C'était toujours ce ton d'indulgente pitié pour une révolution en tous points victorieuse. Joseph, comte de Puisaye, lieutenant-général des armées du roi, commandant de l'armée catholique et royale, y disait qu'il venait contre cette faction parricide qui, depuis cinq ans, avait causé tant de malheurs. « S'il est vrai, continuait le comte, que l'esprit de modération et de justice guide ceux qui s'intitulent les représentans, pourquoi n'ont-ils pas rappelé dans le sein de leur famille, et rétabli dans la possession *de leurs droits et de leurs biens* ceux que la tyrannie a forcés de fuir? Pourquoi cet intéressant et auguste rejeton de tant de rois, le fils du malheureux monarque n'est-il pas rendu au trône de ses pères, et environné de ses gardes et conseils naturels? Pourquoi cette religion sainte, qui depuis quatorze siècles a fait le bonheur et la consolation du peuple, n'est-elle pas rétablie dans la pleine liberté de son culte, et l'exercice public de ses ministres ! »

Le but de l'expédition de Quiberon était donc déterminé : c'était un lieutenant-général des armées du roi, commandant de l'armée catholique et royale, qui venait pour rétablir les émigrés dans leurs droits et biens, restituer le trône à Louis XVII, et à la religion catholique toute sa puissance. Cette expédition ne pouvait réussir; elle devait trouver trop d'obstacles. Aucune concession n'était faite à la marche des temps; c'était la contre-révolution pleine et entière.

Le premier débarquement fut malheureux pour les royalistes, refoulés vers la mer par les républicains, et c'est au bruit du canon retentissant sur la presqu'île, au moment où l'on apprenait la mort du roi enfant, et la proclamation de Louis XVIII, que M. le comte d'Artois arriva à l'Ile-Dieu.

Son Altesse Royale, en s'embarquant à Douvres, avait pris l'engagement de descendre en Bretagne, pour se mettre à la tête du mouvement royaliste. On comptait en effet beaucoup sur la présence d'un prince de la famille des Bourbons, pour électriser les populations dévouées. Le comte d'Artois s'était hautement vanté, dans les salons de Londres, qu'il marcherait sur Paris, avec ses fidèles Vendéens et Bretons.

Dès qu'on sut dans le conseil-général de Bretagne et de la Vendée l'arrivée de M. le comte d'Artois à l'Ile-Dieu, on se hâta de lui députer M. de Vauban, l'un de ses membres, et qui avait le titre de maréchal-des-logis-général de l'armée catholique et royale. M. de Vauban avait long-temps compté parmi les officiers de Son Altesse Royale; il était porteur d'un arrêté ainsi conçu : « Le conseil-général civil et militaire des armées catholiques et royales de la Bretagne, arrête : M. le comte de Vauban, maréchal-des-logis de l'armée, sera envoyé auprès de M. le comte d'Artois, pour lui donner les renseignemens qu'il pourra désirer sur la situation du royaume. » M. de Vauban se rendit en effet auprès de Son Altesse Royale. Il était tard le premier jour, et il ne put s'entretenir avec elle que des objets vagues et généraux de sa mission. On lui demanda quelles étaient les forces des royalistes. On comptait 120,000 hommes; 50,000 étaient armés de fusils de munition, 10,000 étaient mal équipés; le reste n'avait pas d'armes. On ne faisait point entrer encore, dans ces calculs, les forces du jeune comte de Bourmont, sous M. de Scepeaux, son général, et l'armée de Normandie, sous M. de Frotté. Le lendemain, M. de Vauban revint chez M. le comte d'Artois.

« Avouez, mon cher comte, lui dit Son Altesse Royale, que vous avez commis une grande indiscrétion, en faisant un si pompeux étalage des forces de la Bretagne et en exaltant si fort l'importance de M. de Puisaye. — Cela est vrai, mais Votre Altesse Royale se trompe en qualifiant cette conduite d'indiscrète. Ce langage est pour moi un devoir. Il faut rendre justice à un homme si dévoué à la cause royaliste. — Mon cher comte, quand tu me parles de M. de Puisaye, tu me présentes la tête de Robespierre. Je ne peux avoir aucune confiance en cet homme-là. Quand je te dis d'aller en Bretagne, je pensais que tu m'en déferais. —Votre Altesse Royale se trompe encore sur le compte de M. de Puisaye. Personne n'a rendu plus de service. Comment se ferait-il qu'officiellement M. de Puisaye fût revêtu d'un si grand pouvoir et qu'il inspirât intérieurement si peu de confiance? — Je trouve bien étonnant, reprit le comte d'Artois, que M. de Puisaye se permette de donner une si grande quantité de grades dont il s'érige le dispensateur. — Tout chef qui a des hommes à organiser est obligé de conférer des grades, qui d'ailleurs ne sont donnés qu'avec l'assentiment du conseil général. — Et quel est ce conseil-général? Des créatures de M. de Puisaye, qu'il prend et choisit à sa volonté!—Mais ces noms sont portés par des personnes intelligentes et dévouées à votre cause; ce que nous avons le plus à déplorer, c'est la division qui existe entre Charrette et Stofflet. — Je leur ai écrit de se raccommoder. — Cela n'a pas suffi; les divisions existent. — Eh bien! que faire? — Votre Altesse Royale n'a qu'un parti à prendre; un seul : c'est de se mettre à notre tête. Ce n'est pas de loin que le roi, ni Votre Altesse Royale pourront diriger les factions. Venez agir et combattre, voilà tout le secret. »

En même temps le comte de Vauban remit au comte d'Artois une lettre du conseil-général ainsi conçue : « Tout délai flétrirait votre gloire. Votre Altesse Royale tient dans ses mains la couronne de son frère. Elle peut la placer sur la tête du roi, ou la laisser tomber à terre. Si, après avoir paru sur la côte, Votre Altesse Royale ne débarquait pas, les royalistes seront plongés dans la plus grande consternation. La présence de Votre Altesse Royale peut et doit tout sauver. Elle sera reçue à bras ouverts par des forces immenses. »

Le comte d'Artois demanda vingt-quatre heures pour réfléchir sur cette lettre. Le lendemain M. de Vauban revint. «Mon cher comte, lui dit Son Altesse Royale, je trouve cette lettre trop prononcée, trop impérative. Elle me réduit au plus grand embarras. Est-elle transcrite sur le registre des délibérations? —Oui, ainsi que toutes les délibérations. — Eh bien! il faut qu'on m'en écrive une autre moins forte, et qui me laisse plus maître des circonstances. — Dans une mission aussi importante, le premier devoir est de parler à Votre Altesse Royale un langage énergique et vrai. — Cependant, dit le comte d'Artois avec humeur, je ne veux pas aller chouanner. Mais, s'il le faut, je saurai prendre un bateau et me faire jeter sur la côte sous deux fois vingt-quatre heures. — Ce n'est pas ce que nous désirons. Votre Altesse Royale doit y être reçue par des forces considérables. — Dites-moi, mon cher comte, en quel lieu nous pouvons débarquer? Je pense que l'entrée de la Vilaine est la côte la plus convenable, couverte comme elle le sera par une armée de royalistes. »

Sur ces paroles, le comte d'Artois rompit la conversation, et renvoya à quelques jours M. de Vauban, en l'invitant à faire ses préparatifs. Le lendemain Son Altesse Royale l'envoya chercher de nouveau; dès qu'elle l'aperçut, elle lui dit : « Vous me voyez, mon cher comte, dans une grande agitation. Un cutter, arrivé cette nuit d'Angleterre, m'a apporté les ordres pour l'évacuation de l'Ile-Dieu, et me rappelle immédiatement dans la Grande-Bretagne. Je ne puis donc pas attendre plus long-temps. Nous aurons demain matin une conversation pour vous en dire les motifs. — Si Votre Altesse Royale quitte la côte, le désespoir s'emparera des royalistes. — Que faire, mon cher comte? il n'y a pas moyen de ne pas obéir. »

Le lendemain M. de Vauban étant retourné à bord où était Son Altesse Royale, elle lui dit : « Je suis extrêmement pressée; les Anglais ne me donnent que quelques momens. Voilà, mon cher comte, vos instructions. Dites aux différens chefs royalistes que je brûle de me mettre à leur tête; que cet événement ne retardera que de peu de momens, celui où je remplirai leurs vœux, mais je ne puis lutter contre la volonté impérieuse du gouvernement anglais. » Deux lettres furent ensuite remises par Son Altesse Royale; elles contenaient des instructions pour son prochain débarquement. Les commissaires de l'armée royale apprirent le lendemain que M. le comte d'Artois avait quitté l'Ile-Dieu, qu'il était retourné dans sa retraite d'Edimbourg.

M. de Vauban, appelé quelques jours après à Londres pour les affaires du conseil-général de Bretagne, se trouvait avec MM. les comtes de Woronsow et de Staremberg, ambassadeurs de Russie et d'Autriche. Il exposait devant eux l'étonnement que lui faisait éprouver la conduite du gouvernement britannique, qui avait dépensé plus de 25 millions pour cette expédition et favoriser le débarquement de M. le comte d'Artois, qui, ensuite, l'avait fait avorter en rappelant immédiatement Son Altesse Royale. Les deux ambassadeurs se regardaient d'un air mystérieux et moqueur. A la fin, M. de Staremberg, s'adressant à M. le comte de Woronsow, dit : «Il faut bien le lui apprendre, puisqu'il ne le sait pas ; car il verra les ministres et ne saura pas d'après quelle base se conduire avec eux.» Le comte de Woronsow prit alors la parole : «Vous savez, dit-il, que le comte d'Artois a toujours témoigné le désir d'aller se mettre à la tête des royalistes. Le gouvernement britannique avait accédé à sa demande. Son Altesse Royale était trop avancée pour reculer. Les préparatifs étaient faits. Le comte s'embarqua, mais à regret ; il avait chargé le duc d'Harcourt de solliciter immédiatement son retour. Mais celui-ci n'avait éprouvé qu'un froid refus du gouvernement anglais. Alors le comte d'Artois a pris le parti de demander lui-même. Il a dix fois écrit aux ministres ; ses lettres sont restées sans réponse. Enfin Son Altesse Royale a supplié, à genoux, le capitaine Waren de l'embarquer. Le capitaine s'y est d'abord refusé en rudoyant Son Altesse Royale, la menaçant de la jeter à la mer dans une chaloupe ; enfin, gagné par ses pleurs, il a détaché la frégate le Jason. Le ministère anglais a appris l'arrivée inopinée du comte à Portsmouth. Lord Greenville en a été si indigné, qu'il nous a fait venir et nous a dit : « Vous savez, messieurs, tout ce que le gouvernement britannique n'a cessé de faire pour les royalistes. Vous savez aussi que M. le comte d'Artois a désiré aller en Bretagne. Nous avons mis en mer une expédition digne de Son Altesse Royale; à peine embarquée, elle a fait faire des démarches; et voici deux lettres originales, par lesquelles elle demande son retour : je ne lui ai pas répondu, et j'apprends que Son Altesse Royale est arrivée d'elle-même sur la frégate *le Jason*. Et puis, faites quelque chose pour cette cause-là ! »

On apprit bientôt, dans la Vendée et la Bretagne, la conduite du comte d'Artois; elle y produisit un effet déplorable, et renversa les espérances des chefs de parti. Voici la lettre que Charrette adressa à Louis XVIII :

« Sire, la lâcheté de votre frère a tout perdu. Il ne pouvait paraître sur cette côte que pour tout perdre ou tout sauver. Son retour en Angleterre a décidé de notre sort. Aujourd'hui il n'y a plus qu'à périr inutilement pour votre service.

» Je suis avec respect, de Votre Majesté.

» CHARRETTE. »

1796.

Je prends les événemens d'un peu loin pour arriver à la restauration de 1814; il le faut bien. La dynastie, le parti et les hommes qui alors triomphèrent ont conservé, dans leur vie d'émigration et dans leur époque de pouvoir et de gouvernement, une sorte d'unité dramatique. Tels ils étaient, tels ils se sont retrouvés, et c'est chose bonne à rappeler!

Une des pensées de Louis XVIII et du comte d'Antraigues avait toujours été d'opérer la restauration par l'intérieur. C'est dans ce sens que le conseil avait agi. On avait éprouvé tant d'humiliations, tant de dégoûts de l'étranger, que Louis XVIII était persuadé qu'il n'y avait de restauration possible que par les Français. C'est dans ce but que le comte d'Antraigues avait établi des agences royales dans toutes les provinces de France.

La France était divisée en trois agences :

L'une comprenait la Franche-Comté, le Lyonnais, l'Auvergne, le Forez ; une autre les provinces méridionales. Elles furent successivement placées à Constance et à Augsbourg, sous la direction de M. le président du Vezet, de MM. d'André, Imbert-Colomès et Précy. La troisième agence qui s'étendait sur le reste du royaume, était dirigée par les commissaires de Paris, savoir : Brottier, Duverne de. Presle et Lavilheurnoy. Toutes trois ne devaient agir que de concert. Tout mouvement partiel leur était interdit expressément. Le gouvernement anglais avait pris l'engagement de fournir les subsides pour toutes les dépenses jugées nécessaires.

Ce qui porta un premier coup aux agences intérieures du royalisme, ce fut la découverte des papiers de l'abbé Lemaître, et de sa correspondance avec les princes.

Le canon de vendémiaire retentissait encore, lorsque l'abbé Lemaître fut arrêté dans sa maison, rue Sainte-Croix-de-la-Bretonnerie, n° 75. On trouva chez lui une vaste correspondance de Louis xviii du temps de sa régence. Elle était écrite en encre sympathique dans l'intervalle des lignes d'une écriture ordinaire et insignifiante; chaque personnage était désigné par des chiffres : le régent, par le chiffre 49, le comte d'Artois par 45, et le prince de Condé par 77. On y lisait : « Si Paris voulait aller, que ces gens fourbes et atroces seraient trompés! Faites faire explosion; criez *vive le roi!* Nous n'avons d'espoir que dans les troubles intérieurs. Les chansons étant ce qui convient le mieux au peuple français, nous en avons établi une fabrique. Nous vous envoyons le prospectus, vous le ferez imprimer; vous ferez gémir la presse sous les chansons, ce sera un peu plus gai. La Vendée! la Vendée! c'est là notre salut. Quelqu'un, qui arrive de Paris, nous dit qu'il y a bien des partis : il y en a un pour M. le duc de Chartres; mais les masses sont républicaines. Les principaux chefs sont Las-Cazes, Lacretelle et Richer-Sérisy. Ces hommes, cependant, ne sont pas républicains. Ne serait-il pas possible de leur faire servir le régent? La chose la plus grave, y est-il dit encore, est au sujet de l'amnistie. Je ne pense pas qu'on doive accorder un pardon général à tous ceux qui ont voté la mort du roi; mais ce serait une chose bien différente que le pardon à ceux d'entre eux qui, par leurs services, sauveraient la monarchie.

» Je ne serais pas étonné que Cambacérès fût du nombre de ceux qui voudraient le retour de la royauté. Je l'ai vu souvent, c'est un homme d'esprit, il doit désirer le rétablissement de la monarchie.

» Le parti dominant de la convention songe au rétablissement de la royauté. Celui qui m'a porté ta lettre était envoyé par les chefs pour voir s'il y aurait moyen de traiter avec les princes pour se procurer des sûretés. »

Telle était en résumé la correspondance de l'abbé Lemaître; il fut condamné à mort par une commission militaire.

Cette exécution sévère ne détourna pas les agences. Le 12 pluviose an v, le ministre de la police, Cochon, fit au conseil des cinq cents un long rapport pour dénoncer une conspiration au profit de la cause royale. Les auteurs de cette conspiration étaient l'abbé Brottier, connu par ses ouvrages d'université, et particulièrement par une traduction de Plutarque; M. Duverne de Presle, ancien officier de marine, et Lavilheurnoy, hommes ardens pour la cause royaliste. Jamais conspiration n'avait été plus indiscrète et plus imprudente. Les agens étaient bien les hommes les plus légers, les plus inconsidérés. Après avoir recruté quelques prosélytes isolés, Lavilheurnoy s'adressa directement au chef d'escadron Malo qui commandait un régiment de dragons à Paris. Cet officier le laissa bien s'engager ; et, en correspondant avec le ministre de la police, il lui rendait compte chaque jour des aveux et naïvetés des agens royalistes. Enfin Malo les réunit dans sa maison ; il aposta des gardes, et la conversation suivante s'engagea sur les projets des royalistes :

Théodore Dumas, l'un des agens, prit la parole et dit : « Louis xviii est un homme infiniment prudent et le plus digne de monter sur le trône ; c'est lui qui doit rétablir nos finances. Quant à M. le prince de Condé, il n'est pas fort instruit : il est même ignorant, mais c'est un héros. A combien se monte la garnison de Paris ? — A 12,000 hommes. — Eh bien ! en donnant sept sous à la cavalerie et cinq sous à l'infanterie, cela fera à peu près 3,600 fr. par jour. Alors Lavilheurnoy montra les pouvoirs illimités qu'il avait reçus de Louis xviii, et qui lui conféraient le droit de nommer les officiers et agens. M. Brottier lut à haute voix plus de 29 articles dont voici les principaux. « On posera des corps-de-garde et des gens sûrs à toutes les barrières et aux murs de clôture. On ne laissera entrer que les approvisionnemens et ceux qui répondront aux mots d'ordre. On s'emparera des Invalides, de l'Ecole militaire, du magasin des Feuillans, du télégraphe et des Tuileries ; on s'assurera du cours de la rivière. Trois cents hommes s'empareront de Meudon, d'Essone, de Corbeil et de Vincennes. Le Temple sera le quartier-général des représentans du roi. On contiendra les faubourgs Saint-Antoine et Saint-Marceau par les moyens militaires. Une batterie sera établie à Montmartre pour maintenir Paris. La tête des directeurs sera mise à prix, s'ils ne sont pas volontairement ramenés par les promesses d'amnistie. On consignera chez eux les membres des deux conseils ; on devra s'assurer des municipalités, des jacobins et des principaux terroristes, et brûler les journaux, tels que *le Père Duchéne, les Hommes Libres, la Sentinelle, l'Ami des Lois*, etc. On rétablira les cours prévôtales pour juger sur-le-champ ceux qui tiendraient des propos séditieux ; on proclamera une amnistie au nom du roi. Les tribunaux conserveront leurs fonctions. On fera des proclamations honorables pour les armées, ainsi que pour les puissances. On fera circuler de nombreuses patrouilles, et on jettera des grenades dans les rues pour dissiper les attroupemens. La gendarmerie reprendra son nom de maréchaussée; elle continuera à faire son service de police. Enfin des proclamations seront envoyées en province pour annoncer l'avènement de Louis XVIII. On punira sévèrement les royalistes qui se livreront à des représailles. On enverra des commissaires extraordinaires dans un rayon de vingt lieues pour assurer les subsistances, et ordonner à tous les ci-devant intendans de se rendre dans leurs anciennes provinces. On donnera sur-le-champ à M. de Vauvilliers la commission de directeur-général des approvisionnemens. M. de la Millière reprendra la direction des ponts-et-chaussées. On appellera tous les anciens magistrats du conseil qui étaient chargés du commerce, et on les désignera sous le nom de préfet du commerce. Bien entendu que tous ces pouvoirs ne seront que provisoires et jusqu'à l'arrivée de S. M. » Voici quelle était la proclamation du roi qui devait être publiée dans Paris :

« La Providence, toujours impénétrable dans ses décrets, a permis, pour l'instruction des rois et l'utilité des peuples, que le royaume de France fût bouleversé par des factieux. Cette Providence a daigné jeter un regard de commisération sur un empire heureusement augmenté pendant quatorze siècles, gouverné par une maison qu'une descendance de huit cents ans rendait assez illustre pour lui faire espérer un meilleur sort, eu égard surtout aux nombreux bienfaits qu'elle s'était plue à répandre sur les Français. Leurs yeux se sont ouverts : ils sont revenus au sentiment d'amour pour leur souverain légitime.

» De notre côté, oubliant l'égarement d'un peuple entraîné par le torrent des factions, nous ne voulons lui montrer que le père tendre qui, satisfait du repentir de ses enfans, impose silence à la justice pour verser sur eux tous les trésors de sa clémence. Oui, Français, nous vous pardonnons avec autant de plaisir que vos tyrans en mettaient à vous immoler. La justice du Dieu vivant ne ressemble pas à celle des hommes ; abandonnons-lui les coupables. Seul, il peut lire dans les cœurs. — *Pour copie conforme :* Lavilheurnoy. »

Les agens avaient composé d'avance leur ministère.

Affaires étrangères, M. Henin, ancien premier commis; *à l'intérieur*, laisser M. Benezech; *à la marine*, M. de Fleurieu; *à la justice*, M. Siméon ou Baresseux; *aux finances*, M. Bernignot de Grange, rue Saint-Florentin, ou M. Barbé-Marbois, qui a des talens, de l'instruction, ancien intendant de Saint-Domingue, il passe pour avoir de la probité; *à la police*, laisser Cochon; on y mettra Portalis ou Siméon si Baresseux est à la justice. Cochon a voté la mort du roi; il effaroucherait les royalistes.

Le plan était suivi d'instructions de la main de M. de la Vauguyon; elles étaient ainsi conçues :

« Parmi tous les moyens d'accroître le parti des agens du roi, il en est trois principaux : écarter efficacement de l'administration les régicides, leur chef et ceux des jacobins; travailler à assurer les succès des nouvelles élections; gagner et ramener le plus grand nombre des membres du parti connu aujourd'hui sous le nom de *ventre*. »

Tandis que les trois agens principaux se laissaient aller à leurs indiscrétions avec Malo : le baron de Poly, l'un d'entre eux, s'ouvrait avec non moins de naïveté à Ramel, commandant la garde du corps législatif. — « Et quels sont vos moyens, lui dit celui-ci ? — Nos moyens sont et dans les secours de l'Angleterre et dans le mécontentement de la France. Le jour où Louis XVIII ou son lieutenant-général se montrera à Paris, à la tête des colonnes royales, commandées par MM. de Bouillé, le prince de Poix et Puisaye, 12,000 hommes doivent s'insurger dans le Jura, et Lyon levera l'étendard de la révolte. — Quel serait le premier acte de Louis XVIII ? — Une amnistie générale ; mais le parlement qui s'installe prétend que le roi n'a pas le droit de faire grâce, et il ordonnera la *prise de corps* de MM. La Fayette, Mathieu Dumas, Menou, Lameth et d'Aiguillon. Nous amènerons La Fayette dans une cage de fer. — Mais ceux qui ont joué de grands rôles depuis le 10 août ? — Nous les enverrons aux galères. — Et quel emploi me réservez-vous donc ? — Proclamer à Paris Louis XVIII. »

Tel était le plan des agens de Louis XVIII. Sans doute ce prince voyait mieux et plus loin que ses prétendus amis ; mais comment de telles idées pouvaient-elles s'accomplir ? Des hommes sages étaient choisis pour ministres ; les agens

avouaient néanmoins que ce n'était qu'une concession temporaire, et qu'on reviendrait à l'ancien régime, tel qu'il existait en 1788, et quelle
amnistie, grand Dieu! Exclure tous les patriotes, tous les constitutionnels, rétablir le parlement pour lui faire rejeter les pardons accor-
dés par le Roi! N'avons-nous pas vu d'ailleurs
comment la restauration a toujours entendu
les amnisties? Témoin la loi de 1816 et le rapport de M. Corbière!

AVÈNEMENT OFFICIEL DE LOUIS XVIII.

CONSEIL DU ROI.

VERONNE. BLANCKEMBOURG.

1795.—1797.

LE 3 juin 1795, le jeune Louis XVII, comme on l'a dit, était mort au Temple. Dès que la nouvelle de cet événement funèbre fut parvenue au régent, il prit immédiatement le nom de Louis XVIII et le titre de *roi de France et de Navarre*. Ainsi tout s'était modifié dans la société, et la royauté se revêtait encore de la pourpre surannée des Valois et des Bourbons. En même temps le comte d'Artois eut le titre de MONSIEUR, et fut maintenu dans sa qualité de lieutenant-général du royaume.

La cour exilée devint fort active, et la correspondance du roi s'étendit à toutes les affaires ; il annonça son avènement à l'armée de Condé ; il le notifia à tous les cabinets. Il n'y eut cependant que deux ou trois agens diplomatiques accrédités auprès du nouveau roi ; Louis XVIII crut devoir adresser dans ces circonstances solennelles une proclamation aux Français ; c'était toujours le même langage de pardon d'un père et d'un maître. « Vous fûtes infidèles au dieu de vos pères, et ce dieu justement irrité vous a fait sentir tout le poids de sa colère. Vous fûtes rebelles à l'autorité qu'il avait établie pour vous gouverner, et un despotisme sanglant, une anarchie non moins cruelle se succédant tour à tour, vous ont sans cesse déchirés avec une fureur toujours croissante. Il faut revenir à cette religion sainte qui avait attiré sur la France les bénédictions du ciel. Il faut rétablir ce gouvernement qui fut pendant quatorze siècles la gloire de la France et les délices des Français, et qui avait fait de votre patrie le plus florissant des états et vous le plus heureux des peuples. Tous les Français qui, abjurant leurs opinions funestes, viendront se jeter au pied du trône, y seront reçus ; ceux qui, dominés encore par un cruel entêtement, se hâteront de revenir à la raison

et au devoir, seront aussi nos enfans. Il est cependant des forfaits (que ne peuvent-ils s'ef-
facer de notre souvenir et de la mémoire des
hommes!), il est des forfaits dont l'atrocité passe
les bornes de la clémence, les régicides; la
postérité ne les nommera qu'avec horreur; la
France entière appelle sur leur tête le glaive
de la justice. »

Cette proclamation dans ses expressions de
pardon et d'indulgence, était fort maladroite;
la France entière avait pris part à la révolution; on daignait lui pardonner! Dire à ce pays
renouvelé qu'on venait pour rétablir, dans sa
pureté native, la religion antique et le trône
des aïeux, c'était méconnaître l'état des esprits, le progrès des opinions; et puis, pros-
crire tous les votans en masse, appeler la vengeance des lois sur ceux qui tenaient en
main l'autorité! c'était se fermer les portes
de la France. Aussi, quoique la proclamation
du roi fût largement distribuée dans les provinces, elle ne produisit qu'une mauvaise impression.

Louis xviii maintint son ministère; M. de la
Vauguyon conserva les affaires étrangères et
par conséquent continua à diriger toutes les re-

lations extérieures. M. de Flachslanden exerçait les fonctions de chancelier; le comte d'Avaray, ministre d'Etat, était capitaine des gardes; le duc de Fleury, gentilhomme de la chambre, M. d'Harcourt représentait le roi à Londres; M. de Saint-Priest, à Vienne, mais il parcourait les différentes cours de l'Europe pour y négocier dans l'intérêt du roi. MM. Dumoustier, de Damas, d'Hautefort, d'Havré, d'Escars et de Montagnac avaient également certaines missions diplomatiques; M. d'Antraigues dirigeait les mouvemens d'intérieur, où étaient employés en chef M. de la Ferronnière, esprit juste et droit, et le comte de Précy, célèbre par sa défense de Lyon.

La cour de Vérone était fort simple, quoiqu'agitée par beaucoup d'intrigues. Louis xviii portait le titre de comte de Lille; sa vie était régulière; il était levé de bonne heure, et dès le matin il paraissait, suivant l'ancienne étiquette, avec ses croix et ses insignes; une grande partie de la matinée se passait à écrire, et il n'était visible alors que pour son chancelier, M. de Flachslanden; sa table était frugale. Dans l'après-midi il donnait quelques audiences et réunissait ses plus fidèles serviteurs pour entendre des lectures, ou jouir des charmes de la conversation ; il ne sortait jamais pour rendre les visites. Louis xviii lisait exactement tous les journaux français, et particulièrement le Moniteur ; il n'avait de revenu fixe que 36,000 fr. par mois, que lui faisait l'Espagne. Cette somme était ainsi divisée : au roi, 12,000 fr. par mois ; à la reine, 8000 fr. ; à la comtesse d'Artois, 8000 fr. ; aux ducs d'Angoulême et de Berri, chacun 4000 fr.

Cette petite cour allait être obligée de quitter Vérone. Le directoire avait eu connaissance des mouvemens et des intrigues qui s'y tramaient continuellement ; il avait demandé au sénat de Venise l'éloignement du prétendant. Le sénat avait fait d'abord quelques objections, mais à l'approche de l'armée victorieuse de Bonaparte, il n'hésita plus à accéder aux exigences du directoire, et le sénateur Carlotti, noble vénitien, vint signifier à Louis xviii, au nom de son gouvernement, qu'il eût à quitter le territoire de Venise dans le plus bref délai. « Je partirai, dit le roi, mais j'exige deux conditions : la première qu'on me présente le livre d'or où ma famille est inscrite, afin que j'en raye son nom de ma main ; la seconde qu'on me rende l'armure dont l'amitié de mon aïeul Henri iv fit présent à la république. »

Cette réponse, pleine de noblesse et de dignité, ne changea rien aux dispositions du sénat, et le roi se mit en mesure d'abandonner Vérone. Sa suite était alors composée du comte d'Avaray et de M. d'Agoult, aide-major de ses gardes; M. le duc de Fleury, son premier gentilhomme, le précédait; puis venait derrière le duc de Villequier, le comte de Cossé, le vicomte d'Hautefort, enfin le conseil qui se composait toujours de MM. le duc de la Vauguyon, du baron de Flachslanden et du marquis de Jaucourt.

Après avoir séjourné quelque temps à l'armée de Condé, après s'être arrêté à Dillingen, où ses jours furent menacés par un assassin, Louis xviii vint fixer sa résidence à Blanckembourg; sa petite cour l'y suivit. C'est là qu'arriva la disgrâce du premier ministre, M. de la Vauguyon. Tous les agens du roi reçurent la communication suivante : « Monsieur, M. le duc de la Vauguyon n'étant plus employé au service de Sa Majesté, elle me charge de vous prévenir de cesser avec lui toute correspondance relative au service du roi, et de vous en tenir à la forme déjà établie. Les dépêches seront donc directement adressées à Sa Majesté, sous le nom de M. le comte de Lille. » Cet ordre du cabinet était signé par M. de Flachslanden, chancelier du roi. La cause publique de la disgrâce de M. de la Vauguyon paraissait être des indiscrétions commises par le ministre, et les mesures inconséquentes qui avaient fait échouer les projets intérieurs, éventés par la conspiration de la Vilheurnoy. Toutefois de petits actes arbitraires, de petites dissimulations envers le roi en étaient les motifs réels. M. de la Vauguyon disait : « J'ai ouvert par méprise une lettre qui ne m'était pas adressée; si je l'ai lue, c'est que je savais que Votre Majesté faisait consulter cette personne parce qu'elle avait des opinions différentes des miennes, et que je voulais m'éclairer pour le bien de votre service. Il n'est point vrai que j'ai gardé devers moi la lettre que Votre Majesté adressait à M. de Saint-Priest; il est vrai que lorsque je lus à Votre Majesté un projet de lettre pour une certaine personne, Votre Majesté m'ordonna de ne point écrire tous les détails que le projet contenait, et que néanmoins j'ai laissé ma lettre telle qu'elle était. » Voilà quels étaient les griefs imputés au premier ministre. Le roi ne lui pardonna point; sa disgrâce fut absolue ; Sa Majesté ne donna le poste de premier ministre à personne; il travailla avec MM. d'Avaray et de Flachslanden.

L'émigration se divisait alors en plusieurs coteries ou partis. Le roi Louis xviii était entouré de quelques hommes de talent, tels que MM. d'Antraigues et de Jaucourt. C'était la partie politique de l'émigration; elle avait une méfiance profonde de tout ce qui venait de l'Angleterre; elle aurait voulu que la contre-révolution pût s'opérer par l'intérieur. Quelques uns ne voyaient de ressources que dans l'Espagne ; c'était l'opinion personnelle de M. de la Vauguyon, et il faut même croire que la paix de Bâle contribua puissamment à la disgrâce du ministre, car l'Espagne avait reconnu la république française.

La coterie de M. le comte d'Artois n'avait pas les même répugnances pour l'Angleterre : c'était dans ce cabinet qu'elle plaçait toutes ses espérances. La restauration opérée par M. le comte d'Artois, aurait reposé sur deux pivots : les Anglais et les chouans.

Un troisième parti de l'émigration comprenait les constitutionnels, sous l'influence de
Mme de Staël, et dont les chefs étaient MM. de Narbonne, de Montmorency, le comte de Montes-
quiou, etc. C'était par eux que la restauration
aurait dû agir, pour obtenir quelque crédit en
France. Mais c'était précisément ceux que
l'émigration pure avait en horreur; on les considérait comme les auteurs de la révolution,
comme les hommes qui avaient renversé la
vieille monarchie. Cependant Louis xviii dont
l'esprit était si juste, consultait souvent les principaux d'entre les constitutionnels, et ce fut
d'après leur avis qu'il lança sa proclamation
explicative, après la tentative malheureuse de
Lavilheurnoy.

Voici quels en étaient les termes : « Français,
nous avons dit à nos agens et nous leur répé-
tons sans cesse, rappelez notre peuple à la
sainte religion de ses pères et au gouvernement paternel qui fut si long-temps la gloire
et le bonheur de la France. Expliquez-lui la
constitution de l'état qui n'est calomniée que
parce qu'elle est méconnue. Instruisez-le à la
distinguer *du régime* qui s'était introduit
depuis trop long-temps. Montrez-lui qu'elle est

également opposée à l'anarchie et au despotisme. Consultez les hommes sages et éclairés sur les parties dignes de perfection dont elle est susceptible, et faites connaître les formes qu'il faut adopter pour travailler à son amélioration. »

Ce n'était plus le même langage. Une fois ces concessions faites, il y avait moyen de rapprochement, c'est ce qu'on tenta au 18 fructidor; mais la partie pure de l'émigration ne fut pas satisfaite des termes de la proclamation; elle y voyait la possibilité d'un système libéral. Les constitutionnels et ce qu'on appelait encore les orléanistes furent alors l'objet des plus violentes diatribes. Conduite maladroite dont la branche aînée des Bourbons ressent aujourd'hui la funeste erreur! « Il ne faut pas que MONSIEUR se dissimule, disait M. de Vauban, que la faction d'Orléans s'agite dans tous les sens, qu'elle est renforcée par tout ce qui s'appelle constitutionnel, qu'elle acquiert de jour en jour plus de consistance *. Si la France, ou plutôt les meneurs, .

---

* Je n'ai point cru devoir rapporter les expressions de haine de la vieille émigration contre M. le duc d'Orléans, aujourd'hui Roi des Français; elles ne doivent servir à l'histoire que comme document, pour faire connaître l'esprit désordonné des émigrés.

appelaient le fils du duc d'Orléans au trône, vous le verriez entrer l'épée à la main, pour assurer par la valeur, une usurpation que vous auriez peut-être le regret de voir reconnaître. La république ne l'a-t-elle pas été déjà? Il courrait à une gloire que la postérité lui accorderait peut-être un jour. »

Voilà dans quels termes de prédictions l'émigration passionnée parlait de l'union du duc d'Orléans avec les constitutionnels! Il est arrivé ce jour où ils se sont entendus! à qui la faute!

1796.

LES émigrés avaient eu d'abord l'idée qu'il suf-
firait à quelques régimens de se montrer pour
faire tomber nos frontières. Ils n'avaient pu croire
à cet enfantement des armées républicaines dé-
bordant sur toutes les rives du Rhin. Leur
enthousiasme de coalition s'affaiblit alors. Ils
cessèrent de croire qu'un escadron de houlans
ou le corps *des hommes d'armes* suffiraient pour
porter sur le bouclier le roi de France à Versailles. Des agens qui entouraient le prince de
Condé lui persuadèrent qu'on pourrait facile-
ment entraîner à la cause royale quelques uns
des chefs des grandes armées républicaines, et
l'on jeta d'abord les yeux sur Pichegru.

Pichegru avait commandé avec le plus grand
éclat les armées de la république; il venait de
conquérir la Hollande avec une hardiesse de

valeur et de tactique qui avait excité l'admiration de l'Europe. Il commandait alors l'armée française du Haut-Rhin, opposée précisément au corps d'émigrés du prince de Condé. Le général républicain était chargé d'arrêter les Autrichiens devant Huningue. On savait dans le camp de Condé que l'ambition de Pichegru n'était pas satisfaite, qu'il avait à Paris un parti politique dans les conseils; que l'armée qui obéissait à ses ordres était mal payée, mal vêtue, et qu'il y avait moyen d'en gagner plusieurs chefs.

En conséquence le prince de Condé chargea de cette périlleuse mission un libraire de Bâle, M. Fauche-Borel, homme actif, plein d'ardeur et d'intrigues. M. Fauche se rendit à Lauterbourg, centre des opérations du général en chef. N'ayant pu le joindre, il court à Huningue, et s'introduit sous différens prétextes dans la pièce où se promenait le général. Fauche-Borel le regarde fixement, et avec tant d'affectation, que Pichegru, soupçonnant qu'il a quelque chose à lui communiquer, dit à haute voix : « Je ne dînerai point ici aujourd'hui; j'irai à Bolpsein, chez Mme Salomon (c'était la maîtresse de Pichegru). En même temps il jeta un regard très-expressif sur Fauche-Borel. L'agent hardi se hâte de se trouver au rendez-vous; lorsqu'il le vit seul, le général lui dit : « Vous cherchez à me parler. — Oui, général, lui répondit Fauche avec émotion. J'ai été assez heureux pour que M. Dupuyron me léguât des manuscrits de Rousseau, voudriez-vous me permettre que je vous les dédiasse ? — Comme je n'approuve pas les principes de Rousseau, faites venir les manuscrits, je les consulterai, et vous aurez ma réponse. » Ce fut alors que Fauche, jetant autour de lui des yeux inquiets : « Général, j'aurais à vous parler de choses plus importantes. — Et qu'y a-t-il ? — Je n'ai pas craint de me charger d'une haute mission. — Et de la part de qui ? — De M. le prince de Condé. — Et que me veut-il ? — Général, il vous croit trop bon Français pour n'avoir pas compris que depuis long-temps vous regardez la république comme une chimère, et la France comme ne pouvant cicatriser les plaies de la révolution qu'en rappelant ses princes légitimes. Le prince de Condé désirerait se concerter avec vous pour réunir son armée à la vôtre, et lui faire prêter serment de fidélité au roi. — Rien que cela? répondit Pichegru. — Général, c'est bien quelque chose. — Où sont vos pouvoirs? — Je n'en ai pas, dans la crainte de me compromettre et de vous compromettre. — Eh bien ! retournez vers le prince, et ayez de lui un écrit qui justifie votre mission. »

Fauche s'en revint vers le prince de Condé, et en rapporta la lettre suivante :

« Puisque (L) (Pichegru) est toujours aussi honnête homme que je l'avais espéré, je désirerais, d'après ce qu'il m'a fait dire, qu'il envoyât ici une personne de confiance à qui j'expliquerai les avantages de tout genre que j'assurerai, à lui et à ses amis, dans le cas où il ferait ce qui a été communiqué de ma part. Le porteur sera, aussi long-temps que (L) le voudra, l'intermédiaire de notre correspondance sous le nom de *Louis*. Les Autrichiens, auxquels il n'est pas temps encore d'en parler, y seront désignés sous la lettre Y, et le général sous la lettre L. »

Une fois possesseur de cette garantie, Pichegru exposa le plan qu'il avait conçu. Le prince de Condé proposait : de livrer Huningue, de faire arborer le drapeau blanc sur Strasbourg, et de proclamer le roi dans l'armée républicaine. Le général répondit : « Assurez le prince qu'il peut compter sur moi. Ce qu'il me propose ne peut avoir lieu : je connais le soldat, il ne faut

pas lui donner le temps de prévoir un mouvement; il faut l'entraîner. Dès que je l'aurai trans-
porté sur la rive droite du Rhin, je serai sûr
de lui. Que le prince me désigne le point du
fleuve le plus facile pour me réunir à son
armée. Je crois que Neubourg serait le plus
favorable. Qu'il indique le jour, l'heure, la
quantité d'hommes et l'espèce d'armes qui
lui conviennent. En passant je laisserai un
ponton, comme si ma première colonne devait
être suivie d'une seconde, et, aussitôt arrivé
sur la rive droite, je proclamerai la royauté.
Par ce moyen 12 ou 14 mille hommes des miens
se joindront à l'armée des princes. Nous mar-
cherons bras dessus bras dessous. Les places
d'Alsace s'ouvriront devant nous, et en quatorze marches nous serons à Paris. Mais il faut
que le prince s'entende avec les Autrichiens
pour qu'ils restent sur nos derrières. »

Pour récompenser un si beau dévouement,
on promettait à Pichegru le grade de maréchal
de France; quelques uns disent même le titre
de connétable, avec le château de Chambord, un
million d'argent comptant, et 200 mille écus de
rentes. Mais de premières difficultés s'élevèrent.
Les Autrichiens voulaient qu'on leur livrât

comme gage Huningue et Strasbourg. Pichegru disait qu'une telle conduite éveillerait des soupçons et aliénerait toute l'armée. Le comte de Montgaillard avait beau lui écrire « qu'il était grand et qu'il devait faire de grandes choses »; un sentiment de pudeur arrêtait encore le général français prêt à livrer l'Alsace aux ennemis de son pays.

Tel était l'état des négociations suivies avec un grand soin par le prince de Condé, le comte de Montgaillard et Fauche - Borel, lorsque Louis xviii écrivit directement à Pichegru. A cette époque les grands succès de Bonaparte en Italie avaient fait suspendre le plan de *restauration* par Pichegru. L'armée autrichienne sur le Rhin avait été forcée de se dégarnir. Voici le texte de la lettre royale:

« Vous connaissez, monsieur, les *malheureux* événemens qui ont eu lieu en Italie. La nécessité d'envoyer 3o mille hommes dans cette partie, a fait suspendre définitivement le projet de passer le Rhin. Votre attachement à ma personne vous fera juger à quel point je suis affecté de ce contre-temps, dans le moment surtout où je voyais les portes de mon royaume s'ouvrir devant moi. D'un autre côté ces *désastres* ajouteraient, s'il était possible, à la confiance que vous m'avez inspirée; j'ai celle que vous rétablirez la monarchie française. Dans le cas où vous jugerez à propos de faire faire des démarches auprès des généraux de l'armée d'Italie, vous êtes le maître de décider à cet égard. Je dépose en vos mains la plénitude de ma puissance et de mes droits. Si les intelligences que vous avez dans les provinces, si vos talens et votre caractère surtout pouvaient vous permettre de craindre, ou si quelque événement, impossible à prévoir, vous obligeait à sortir du royaume, c'est entre M. le prince de Condé et moi que vous trouveriez votre place. Si j'en connaissais une plus digne de vous, je vous l'offrirais.... Je ne vous parlerai point de mon estime, de ma reconnaissance ; le sentiment que vous devez avoir de vous-même vous répond de tout ce que je pense et de tout ce que je sens pour vous. Louis. »

Dans une autre lettre, Louis xviii lui disait encore :

« Je ne mets aucune borne aux pleins pouvoirs que M. le prince de Condé vous a transmis. J'approuve et ratifie tous les avantages qui vous ont été promis en mon nom par le prince de

Condé. Je cède au besoin de mon cœur. Monsieur, c'en est un pour moi de vous dire que j'avais jugé il y a dix-huit mois, que l'honneur de rétablir la monarchie française vous était réservé. Vous avez su allier la bravoure du maréchal de Saxe au désintéressement de M. de Turenne et à la modestie de Catinat. »

Et pourquoi tous ces pompeux éloges? pour entraîner le général républicain à la trahison et à quitter son drapeau! Mais un tel plan aurait-il pu réussir?. En supposant que Pichegru l'eût mené jusqu'à exécution ; qu'il eût ordonné à son armée de prendre le drapeau blanc, de reconnaître le roi, cette armée aurait-elle obéi? Les officiers et les soldats de la république auraient-ils serré la main aux Autrichiens et marché bras dessus bras dessous sur Paris? Le plan reposait sur une fausse combinaison. Pichegru supposait mal à propos que le roi était pour le soldat au fond du verre. Il y avait un sentiment d'honneur et de gloire dans l'armée républicaine! Quelle était triste cette position pour un général français d'entendre appeler *malheureux événemens* les prodiges de nos soldats en Italie!

Une correspondance si active avec le prince de Condé ne pouvait durer long-temps sans être soupçonnée; Pichegru fut rappelé à Paris, où il ne joua plus dès lors qu'un rôle politique.

Depuis la restauration, les vertus militaires et civiques de Pichegru ont été exaltées! Un monument a été élevé à sa gloire; et nous avons vu ce général, qui en face de l'ennemi trahissait son drapeau sur les bords du Rhin, décoré d'une palme d'honneur et de fidélité. La restauration fit bien d'autres fautes! Le général français qui le premier, avec 30 mille hommes, en rase campagne, passa sous les Fourches-caudines à Baylen, ne reçut-il pas le ministère de la guerre en 1814!

1797.

Louis xviii commençait à voir la France telle qu'elle était. Un rapport fidèle de M. de la Ferronnière sur l'état des esprits et des opinions avait éclairé le prince sur l'espèce de concessions nécessaires, et le roi n'avait plus hésité à se mettre en communication avec le parti constitutionnel, non pas qu'il eût précisément oublié ses antipathies pour les patriotes de 1791, tels que MM. de La Fayette, de Latour-Maubourg et de Narbonne; mais il s'était formé un parti puissant contre la faible et fatigante administration du directoire, et comme ce parti s'appuyait sur la constitution de 1791, ce fut avec ces fractions du conseil des cinq - cents et des anciens que Louis xviii entama des négociations.

Depuis la constitution de l'an iii et le renou-

vellement fractionnaire, les deux conseils s'é-
taient composés en majorité d'hommes fort
raisonnables et en opposition avec le système
républicain. Il y avait d'abord des royalistes
avoués et sur lesquels Louis xviii pouvait
compter; tels étaient Imbert-Colomès, Henri
Larivière, Dandré, Pichegru qui avait obtenu la présidence. Puis venaient les constitutionnels modérés, MM. Portalis, Siméon, Camille-Jordan; puis les constitutionnels de 1791,
enfin les orléanistes qui pensaient que la monarchie était le seul gouvernement convenable
à la France, mais qui ne croyaient à la possibilité d'une monarchie constitutionnelle qu'a-
vec un changement de dynastie.

Les efforts des négociateurs tendaient donc
à fortifier la fraction purement royaliste, et à
fondre toutes ces nuances diverses dans les
intérêts de Louis xviii. La nécessité d'une
constitution paraissait généralement admise, et
le prétendant n'en était pas éloigné. Dès que
des négociations avaient été entamées avec les
conseils, il fallait bien admettre ces deux corps
comme base de la constitution nouvelle. On
allait jusqu'à ce point d'établir que Louis xviii
prendrait la place pure et simple du direc-

toire, et qu'on centraliserait le pouvoir des directeurs en son gouvernement. Les négociateurs étaient-ils de bonne foi en faisant ces promesses? Il est possible que le désir de s'emparer des rênes du gouvernement, les ait engagés à ces grandes concessions, en se réservant toujours, une fois maîtres de l'autorité, de la façonner sur le modèle de l'ancienne constitution monarchique.

Quoi qu'il en soit, les diverses nuances du parti des *clichistes* ou des monarchistes se confondaient dans une haine commune contre le directoire, centre du gouvernement. Le directoire lui-même était divisé. Barthélemi votait avec la réunion clichiste; Carnot n'en était pas séparé, quoique opposé au rétablissement des Bourbons; mais il voyait avec peine la marche du gouvernement qui pesait sur la république. Peut-être adhérait-il au système d'une large monarchie constitutionnelle au profit de Louis XVIII ou du parti d'Orléans. Le ministre de la police Cochon et l'agent Dossonville marchaient dans le sens des clichistes; ils étaient désignés par l'intrigue royaliste comme des appuis sur lesquels on pouvait s'étayer.

D'un autre côté, l'action des journaux secon-

dait le mouvement. La plus grande licence de
la presse régnait alors. Les journaux qui n'é-
taient soumis à aucune condition restrictive,
qui ne payaient qu'un faible timbre, remuaient
chaque jour les esprits au profit de la cause de
Louis XVIII et contre le directoire. Notre liberté
actuelle, grave et constitutionnelle, ne peut
être comparée à ce débordement d'épigrammes,
à ce feu roulant d'invectives et d'injures.

La *Quotidienne* et quarante autres journaux
au moins, grands et petits, ne tarissaient pas
sur les dilapidations de Barras et sur son épicu-
risme; sur Merlin de Douai, Larevellière-Le-
peaux, avec sa théophilantropie, et sur tous les
membres des deux conseils qui secondaient les
directeurs. Les salons n'étaient occupés que
de ces feuilles éphémères, souvent spirituelles. Les jeunes gens de bon ton, les *mus-
cadins* à collet noir, en répétaient les bons
mots aux théâtres et dans les cafés.

Au milieu de ce mouvement d'opinion, la
fraction attaquée du directoire exécutif prenait ses mesures pour sauver son pouvoir et
empêcher la restauration royaliste de s'accomplir. Bonaparte, dans sa campagne d'Italie, s'était
emparé à Venise d'un porte-feuille du comte

d'Antraigues, ministre de Louis xviii. Il contenait diverses pièces, et particulièrement les notes d'une conversation avec le comte de Montgaillard, dans laquelle tout le plan des intrigues avec les deux conseils se trouvait développé. Quoique le comte d'Antraigues eût refusé de signer les papiers saisis, ils furent envoyés à Paris, et le directoire, qui venait de recevoir les dépositions de Duverne de Presle sur la conspiration royaliste de l'intérieur, fit de ces pièces la base de ses projets contre les conseils. En même temps, le républicain Augereau, détaché de l'armée d'Italie, venait en toute hâte à Paris, pour seconder les mesures du directoire.

Dans cette situation de choses, il fallait se hâter d'agir, mais les différentes nuances du parti clichiste ne s'entendaient pas, et toutes les opérations traînaient en langueur. Ceux qui avaient reçu de l'argent de l'extérieur, le gardaient pour eux, de sorte que les inspecteurs de la salle du conseil n'avaient pas même de fonds pour organiser et solder une police. Pichegru apporta toute l'hésitation de son caractère ; enfin la mauvaise foi des agens royalistes à l'égard des constitutionnels paralysait les résolutions communes. Cependant on s'arrêta sur une mesure décisive : on devait mettre en accusation le directoire, et organiser la garde nationale, pour l'opposer aux troupes de ligne; mais Barras reçut un billet du prince de C.....y, fils du duc de la V......n, par lequel il lui demandait un rendez-vous dans un lieu secret pour une communication importante. Le directeur consulta ses collègues et s'y rendit. Là, le jeune prince, séduit par la police et une femme qu'il aimait, dévoila tous les projets du parti royaliste, et le lendemain, la fameuse journée du 18 fructidor éclata.

Quarante-deux députés clichistes furent destinés à la déportation, ainsi que les deux directeurs Barthélemi et Carnot, le ministre de la police Cochon, et Ramel, commandant la garde du corps législatif. Le même sort fut réservé aux rédacteurs de journaux. En un mot, le parti royaliste et constitutionnel fut frappé de mort.

Si les deux conseils avaient réussi à replacer Louis xviii sur le trône, serait-il sorti quelque chose de durable et de fort de cette restauration? Oui sans doute, si le roi avait adopté la constitution de l'an iii, en centralisant l'autorité des directeurs, dans les mains d'un seul homme que la nation eût reconnu sous le nom de Louis XVIII ; oui, si le drapeau national avait été maintenu, les conseils admis comme balance du pouvoir, en un mot, si la royauté avait su adopter la révolution ! Mais comment espérer tant de raison et une si juste modération de la part des émigrés et de la cour de Blanckembourg? Comment croire qu'elle se fût pliée à cet esprit nouveau de la France ! La royauté y aurait mis d'abord de l'hypocrisie, puis elle aurait fait son coup d'état, et son coup d'état l'aurait perdue. Imaginez ce qu'aurait pu faire le gouvernement de Louis XVIII avec le système d'administration collective et la constitution de l'an III ? Combien de temps tout cela aurait-il duré ? Car il a fallu la centralisation administrative de l'empire, pour que la restauration se conservât seize ans !

1798 — 1799.

LA journée du 18 fructidor était l'œuvre de Barras. Le parti royaliste avait été terrassé par les mesures énergiques du directeur qui, après cette époque, gouverna la France. Barras, homme de plaisirs et de fermeté, devint le point de mire des intrigues pour la restauration. Gentilhomme de vieille souche, parent de M. de Blacas, qui, jeune alors, était agent de Louis XVIII à Saint-Pétersbourg, et qui, depuis, exerça une si grande influence en 1814, le vicomte de Barras n'inspirait pas à l'émigration ces répugnances qu'elle éprouvait pour les roturiers parvenus qui dirigeaient la révolution.

Les premières ouvertures furent faites à Barras, dans une partie de chasse à Grosbois, par un nommé David Mounier, qui avait quelque liaison avec Bottot, secrétaire intime du directeur. Barras les écouta avec cette légèreté de manières qui déguisait souvent des desseins plus profonds; il ne répondit pas. Trois jours après, David Mounier dînant chez le directeur, Barras s'adressant à lui en souriant, lui dit : « Eh bien! l'homme aux propositions étranges, vous ne m'en parlez plus. » Ces paroles enhardirent David Mounier, et une conférence avec le directeur fut indiquée dans un jardin rue de Babylone. Barras finit une longue conversation par ces paroles : « Mes plans sont faits; j'en ai cinq, nous choisirons. Il est temps de finir tout ceci qui s'écroulera un jour; partez. Je m'expliquerai quand on se sera expliqué; indemnité et sûreté, voilà tout ce que je demande. »

Quatre personnes furent mêlées à cette négociation : d'abord David Mounier, le marquis de la Maisonfort, le duc de Fleury, M. de Blacas. Il fallait faire connaître au roi les propositions de Barras, et obtenir les sûretés et les indemnités qu'il demandait; il fallait enfin communiquer à quelques uns des cabinets coalisés les nouvelles espérances de restauration, afin d'en retirer les subsides nécessaires.

Le marquis de la Maisonfort se chargea d'exposer au roi Louis XVIII le but et l'importance de la négociation : « Sire, il est impossible qu'il se présente jamais une chance plus avantageuse pour Votre Majesté; ce n'est plus une misérable conspiration qui se trame par des particuliers sans moyens, sans alentours, sans connaissance du flux ou reflux des factions ; c'est le chef du gouvernement, c'est l'homme presque assis à votre place qui vous l'offre ; c'est celui des cinq qui a le plus d'énergie, celui qui, dans ce moment, a le plus de prépondérance, celui qui, dans le partage du pouvoir, à la surveillance de tous les complots et la grande police de la république ; celui enfin contre lequel on ne peut rien, et que Carnot dédaigna sottement au 18 fructidor. Au milieu de quatre avocats, c'est un gentilhomme, et, quoi qu'on en dise, attaché à des sentimens monarchiques, parce que, en sa qualité de gentilhomme, *il les a sucés* avec le lait de son enfance. Sire, Barras est l'homme le plus commode à récompenser; il ne veut imiter Monck que par l'action qu'il fit; il n'en veut pas les récompenses. La raison lui dit qu'il serait une *monstruosité* dans votre cour; il ne songe donc à y conserver ni place, ni crédit, ni honneur. Il veut seulement sûreté et indemnité. Un des plus grands avantages du plan de Barras, Sire, c'est que s'il veut en finir avec la république, il veut que vous *en finissiez* avec la révolution. Il ne passera pas, comme le feraient l'avocat Merlin, le théophilantrope la Revellière, l'atrabilaire Rewbell, le diplomate Treilhard, un hiver à vous faire cinq cents pages de *constitution*; il veut que vous *soyez ici sans préambule et sans restriction.* »

Ainsi, ce qui enchantait le plus M. de la Maisonfort dans cette négociation, c'est qu'il avait à traiter avec un gentilhomme, qu'il n'y aurait pas de constitution pour la France, que le roi rentrerait dans la plénitude de son autorité sans *préambule*; enfin qu'on n'aurait pas le supplice de voir en cette cour l'homme qui consentait à restaurer la monarchie! C'était là un bel encouragement! Et M. de la Maisonfort devint en 1814 un des conseillers intimes de M. de Blacas !

Louis xviii adopta avec empressement l'idée d'ouvrir une négociation directe avec Barras; et, malgré l'opposition du duc de Fleury, qui voulait suivre seul cette affaire, M. de la Maisonfort envoya les lettres patentes du roi en faveur de Barras. Elles contenaient: « Que le général Paul de Barras consentait à rétablir la monarchie en la personne de Louis xviii, et que l'on se chargeait en échange de satisfaire aux deux premières conditions en faveur de M. Paul de Barras, savoir, sûreté et indemnité, en engageant sa parole sacrée .de s'interposer entre Paul de Barras et tout tribunal quelconque qui voudrait connaître de ses opinions et de ses votes, et d'annuler, par son pouvoir souverain, toute recherche à cet égard; le roi lui promettait en outre une large indemnité évaluée en une somme au moins de 12 millions de livres tournois, équivalente à deux années de ses *bénéfices* dans les fonctions de directeur. On n'y comprenait pas 2 millions distribués à ses coopérateurs, sans compter les sommes nécessaires aux frais du mouvement à effectuer dans Paris. »

Ces lettres étaient signées du roi, contresignées par le comte de Saint-Priest, qui tenait alors de Louis. xviii le portefeuille des affaires étrangères; elles furent scellées du grand scel.

Il ne fallait plus que réunir l'argent nécessaire pour être livré à Barras. Le directeur était-il de bonne foi? ne voulait-il que s'emparer des sommes qu'on lui offrait, pour agir ensuite ainsi qu'il l'entendait et que les circonstances pouvaient l'indiquer? C'est ce qu'il est impossible de savoir; la seule chose certaine, c'est qu'en 1814, lés lettres patentes furent invoquées par Barras comme des titres favorables sous la nouvelle restauration.

En même temps que ces lettres patentes étaient expédiées à Barras, MM. de Blacas et de la Maisonfort exposaient à Paul 1ᵉʳ les bases de la négociation et sa haute importance; ils sollicitaient des subsides pour mener à fin cette affaire. Paul 1ᵉʳ avait alors chaudement épousé la querelle de l'émigration et de la restauration bourbonnienne. « S. M. l'empereur de Russie, est-il dit dans la note des deux agens de Louis XVIII, est supplié d'accorder sa puissante entremise à la négociation avec le directeur Barras, et de vouloir bien s'entendre avec son généreux allié le roi d'Angleterre, pour les sommes dont le paiement doit précéder *la restauration* de la monarchie par le directeur Barras. » Le cabinet de Saint-Pétersbourg répondait à cette note : « Sa Majesté a envoyé, le 3 juin, un courrier au comte de Woronsow. Le ministre d'Angleterre en a fait autant en répondant d'avance de l'assentiment du gouvernement britannique. »

Les agens continuaient ainsi :

« La somme que réclame d'abord David Mounier pour bien disposer le directoire, est d'environ 1100 louis. »

Accordé. — Que cette somme soit remise à David Mounier.

« Que par les ordres de Sa Majesté Impériale, les ministres chargés de traiter avec M. de la Maisonfort, veuillent bien lui faire expédier un passe-port, non seulement pour partir de Saint-Pétersbourg, mais encore pour sortir de Russie, soit par mer, soit par terre. »

Accordé.—On a mis tous les soins possibles pour abréger et rendre le voyage de M. de la Maisonfort le plus agréable.

« M. de la Maisonfort désire être mis en rapport direct avec le comte de Woronsow, à Londres, et Son Excellence le général Korsakoff. »

Accordé.—Ceci a été exécuté par le comte Rostopschin.

« Aussitôt la communication faite à Sa Majesté Impériale, le roi de France partira de Mittau incognito, pour l'armée du général Korsakoff, où il sera reconnu. Le général Pichegru se rendra, soit à l'armée du général Korsakoff, si elle est en présence de l'ennemi, soit le plus près possible des avant-postes de l'armée française, que Barras lui destinera. M. Korsakoff y sera probablement avec quelques officiers sûrs, dont il aura fait choix, et une caisse militaire suffisante, pour porter tout à coup l'abondance là où nous avons eu soin d'entretenir la disette.»

Accordé. — S. M. l'Empereur a déclaré à M. de la Maisonfort, que s'il priait le gouvernement anglais de se charger des trois sommes pour Barras, Bottot et David, il s'engageait à fournir à tout ce qui était nécessaire pour le voyage du roï de France, et son entretien à l'armée, et aux premières sommes indispensables au général Pichegru. Il ajoute que pour ce dernier objet, le général Korsakoff avait déjà ses ordres, et prendrait les sommes qu'il faudrait sur sa propre caisse.

Tandis que ces négociations singulières se poursuivaient dans le Nord, la bataille de Zurich préservait la France d'une restauration russe, et des grandes haines de M. de la Maisonfort, contre les constitutions et les idées libérales. Le 18 brumaire fit disparaître le pouvoir de Barras; Bonaparte prit les rênes du consulat, et la constitution de l'an VIII jeta la république dans des voies nouvelles.

TENTATIVES AUPRÈS DE BONAPARTE.

CONSTITUTION DE L'AN VIII.

1800.

LES grands succès de Bonaparte en Italie, cette merveilleuse campagne où les vieux généraux fuyaient étonnés devant une tactique prodigieuse et nouvelle, avaient fixé l'attention de Louis XVIII et de l'Europe. En même temps que des négociations s'étaient ouvertes avec Pichegru, sur le Rhin, le comte de Montgaillard avait conçu le projet d'attirer dans les intérêts de Louis XVIII le vainqueur de Melas et de Wurmser, le conquérant de l'Italie. On devait proposer à *M. Bonaparte* le cordon bleu, le titre de maréchal de France, et la vice-royauté héréditaire de la Corse. Singulière destinée ! Celui qui devait, quelques années après, mettre à ses pieds toutes les royautés de l'Europe, aurait promené un oisif cordon bleu dans les proces-

sions du Saint-Esprit, à Versailles ! M. Bonaparte, cordon bleu ! Cette idée ne pouvait venir
qu'à l'émigration !

Soit que ce projet n'eût pas de suite, soit
que Bonaparte l'ait repoussé, on a vu toute la
part que prit l'armée d'Italie au 18 fructidor,
et par conséquent, à la défaite des royalistes.
Lorsque le 18 brumaire eut centralisé l'autorité aux mains du premier consul, les mêmes intrigues se produisirent : deux démarches furent
faites, l'une par Louis xviii, l'autre au nom du
comte d'Artois. M. l'abbé de Montesquiou, qui
était agent du roi à Paris, s'ouvrit au consul Lebrun, ancien secrétaire du chancelier Maupeou,
et lui remit une lettre de Louis xviii, pour
Bonaparte. Jamais les éloges n'avaient été
prodigués avec une plus exquise délicatesse.
Le roi disait : « Je ne puis rien sur la France
sans vous, et vous-même ne pouvez faire le
bonheur de la France sans moi ; hâtez-vous
donc... » Les plus grands avantages étaient
offerts à Bonaparte : on lui assurait la dignité
de connétable, avec la direction de la guerre.
Les républicains eurent vent des démarches
faites auprès du consul. Le ministre de la police
Fouché rédigea un rapport sur le danger d'une

résolution qui tendait à rendre le trône aux Bourbons. Il finissait en disant à Bonaparte : « Citoyen consul, vous êtes l'homme de la révolution ; si vous séparez votre cause d'elle, quel sera notre avenir? Vous aurez votre gloire éclipsée, et les ingratitudes des Bourbons. » Le consul s'était déjà déterminé. Lebrun fut fortement réprimandé, pour avoir accueilli les ouvertures de l'abbé de Montesquiou, et celui-ci reçut l'ordre de mettre plus de circonspection dans ses démarches.

L'intrigue du comte d'Artois n'eut pas un plus grand succès. La duchesse de Guiche *, femme d'esprit et de bon goût, fut chargée de se rapprocher de Joséphine qui, par l'intérêt qu'elle portait aux émigrés, faisait supposer des sentimens royalistes. Le premier consul fut instruit de ces négociations secrètes, et la duchesse de Guiche reçut l'ordre de quitter la France. Bonaparte s'était d'ailleurs fortement expliqué sur sa résolution de ne point traiter avec les Bourbons. « Tant que je gouvernerai, les Bourbons ne rentreront pas en France. Si

---

* Sœur du duc de Polignac, depuis duchesse de Grammont ; elle n'était point rentrée en France, comme beaucoup d'émigrés ; elle y avait fait seulement un voyage.

j'avais su l'affaire des lettres patentes de Barras, je les lui aurais fait placer sur sa poitrine, et je l'aurais fait fusiller sur-le-champ. »

Tels étaient les sentimens du premier consul, à l'égard des Bourbons. Il se sentait l'homme de la révolution, et voulait suivre sa destinée. Tout prenait cependant les formes monarchiques; la constitution de l'an viii, la loi administrative du 28 pluviose, centralisaient l'autorité et reconstituaient un ordre de choses favorable à cette monarchie que les royalistes rêvaient encore. Ce système de préfets et de maires nommés par le gouvernement, cette méfiance envers le peuple exclus de toute participation aux affaires de l'état, l'annihilation d'une partie du tribunat, l'institution de tribunaux spéciaux, l'ordre partout établi, faisaient disparaître les obstacles matériels émanés de la révolution, et qui pouvaient rendre impossible le rétablissement de la royauté. En même temps les portes de la France étaient ouvertes à l'émigration. Sous prétexte d'amnistie, de rendre à la patrie les fructidorisés, une multitude d'émigrés furent rayés des listes; beaucoup reçurent leurs biens d'une loi indulgente ou de la munificence du consul; tous ceux qui voulaient s'attacher à sa fortune et à son service trouvaient d'amples récompenses. Les administrations locales se peuplèrent d'émigrés. Le premier consul se faisait représenter les listes, et effaçait de sa propre main les noms illustres, et les services de tous les siècles.

L'administration marchait, et la France respirait, entraînée par la main du consul. Voici l'opinion que les agens de Louis XVIII se faisaient, à cette époque, de l'état de la France et des chances de la restauration ; ces renseignemens sont puisés dans un rapport de M. de Précy :

« Sire, il n'existe en ce moment que deux factions actives et bien prononcées : celle des jacobins et celle du premier consul. Le parti du premier consul, quoique le moins nombreux en ce moment, est cependant le plus fort ; il a l'autorité en main. Bonaparte est tout entier à son objet : il ne se borne pas aux innovations ; il exécute lui-même, ou surveille l'exécution. Il est pénétré des intentions des jacobins, et de la nécessité d'exercer sur eux une surveillance continuelle ; il paraît même qu'il a un pressentiment qu'il doit être leur victime.

» Cette conduite du premier consul, la manière dont il traite et décide les affaires publiques, le peu de communications qu'il a avec les deux autres consuls et les autorités du gouvernement, lui font encore quantité d'ennemis.

» Il est en France des personnes qui supposent à Bonaparte des intentions royalistes, et qu'il travaille intérieurement pour Votre Majesté; ce qui n'est assurément pas. On lui a fait à ce sujet des propositions malheureusement trop formelles et trop peu secrètes : ce qui l'a plutôt éloigné que rapproché de cette mesure. Du caractère dont il est, il ne veut aucun conseil qui lui ôte le mérite apparent d'être créateur de ce qui peut, suivant lui, *le conduire à la gloire et à l'immortalité.* »

L'ORGANISATION administrative donnée à la France par la constitution consulaire, ramenait violemment la société dans les voies de l'ordre. Les deux partis extrêmes, les ardens amis de la république et les agens royalistes voyaient s'affaiblir leurs espérances, et tous reportaient leur haine sur le consul. Les révolutions créent des caractères fortement trempés, font surgir ces hommes doués d'âmes énergiques, auxquels les temps d'orage permettent de se développer. Rien de plus mâle, de plus romain que les figures d'Aréna, de Cerrachi, de Topino Lebrun, de Metge, d'Humbert et de tous ces débris de la république expirante ; en même temps, quels dévouemens fanatiques que ceux de Georges Cadoudal, Limolan, la Haye-Saint-Hilaire, et des agens armés du parti royaliste !

Lorsqu'au milieu de deux opinions passionnées naît un principe d'ordre, un gouvernement protecteur, les deux extrémités vaincues se rapprochent par une alliance naturelle. Si leurs sentimens politiques ne sont pas les mêmes, leurs desseins diffèrent peu ; car ils veulent également se débarrasser du principe qui les gêne, et du gouvernement qui les comprime.

Depuis l'institution du consulat, grand nombre d'hommes ardens s'étaient réunis à Paris, pour se débarrasser de Bonaparte. Déjà une tentative avait été faite par les républicains à l'Opéra. Quoiqu'elle n'eût pas réussi, on n'en fut pas découragé. Ce parti s'agitait en tout sens pour organiser le renversement du nouvel ordre politique. L'un d'eux, Chevalier, long-temps employé dans l'atelier des poudres de Meudon, sous le comité de salut public, conçut la première idée d'une machine destinée à faire périr Bonaparte. De concert avec le nommé Veycer, il construisit une espèce de baril cerclé en fer et garni de clous, auquel il adapta une batterie qu'on pouvait faire partir à l'aide d'une ficelle. L'essai de cette machine produisit une détonation si effrayante, que les républicains y renoncèrent.

Mais les royalistes et les chouans ne se firent pas les mêmes scrupules. Georges Cadoudal était arrivé dans le Morbihan, et parcourait toute la Bretagne, avec la mission de réorganiser le parti royaliste ; il s'était fait suivre de la plupart de ses officiers, Mercier dit la Vendée, de Bar, de Sol de Grisolle et Guillemot. Il avait envoyé ses agens à Paris, Limolan, Saint-Régent, Joyaux et Saint-Hilaire, pour y découvrir les moyens de faire périr le premier consul. Ayant eu connaissance des efforts du parti républicain, les agens de Georges résolurent de se servir de la machine infernale dans de sinistres desseins.

Les chouans s'étaient entendus à Paris avec tous les partisans de la cause royale, et ils assuraient partout qu'ils allaient faire un mouvement. Sur les indications données par Saint-Régent, M. Michaud l'aîné, qu'il voyait beaucoup alors, rédigea une proclamation au nom d'un gouvernement provisoire qui devait s'installer immédiatement après l'attentat. Nous ne croyons pas qu'il en connût l'atrocité. M. Michaud faisait sa partie dans une maison royaliste, lorsqu'il entendit la détonation effrayante de la machine, et quand on vint annoncer que le coup était manqué, il se retira un moment sous un prétexte, et brûla, dans un lieu écarté, l'original de la proclamation.

Ce qu'il y avait d'habile dans la conjuration de la machine infernale, c'est que les royalistes voulaient en jeter l'odieux sur les jacobins, et il y avait vraisemblance, car la première idée venait des républicains et des *enragés*. Cependant l'expérience du ministre de la police n'eut pas de peine à découvrir la métamorphose qu'avait subie le complot. Saint-Régent et Carbon furent convaincus et punis de mort; leur sang se mêla à celui des républicains ardens que le premier consul fit comprendre dans une proscription arbitraire.

Dès lors, à l'idée d'une restauration bourbonnienne vint se mêler un sanglant souvenir : quarante personnes étaient tombées victimes de cette machine infernale; un quartier entier de la capitale avait été ébranlé par l'explosion. Les agens du roi, à Paris, avaient beau désavouer la pensée de cet attentat, il n'en restait pas moins la conviction que pour le triomphe de la cause royaliste le sang avait coulé, et que la plus effroyable des conspirations avait été imaginée par les Bourbons. De là cette habitude du peuple, de donner le nom de *brigands* aux agens royalistes.

Et il faut bien le dire, à cette époque, cette qualification était justifiée : sur toutes les grandes routes, on n'entendait parler que des crimes des chouans : les voitures publiques étaient arrêtées, les caisses de l'état pillées; le sénateur Clément de Ris fut enlevé par des bandes armées. Le commerce languissait de ces violences contre les propriétés publiques et privées. La cause royaliste perdit beaucoup dans l'opinion. Qui eût alors voulu subir l'épithète de chouans? Ces souvenirs furent une des difficultés de la restauration. Comment ennoblir ce que la nation avait stigmatisé ?

1799. — 1803.

Ces complots au profit de la restauration se tramaient en France, tandis que le roi Louis xviii, forcé de quitter sa résidence de Blanckembourg, implorant vainement un asile en Saxe, se réfugiait à Mittau; c'est là qu'il fixa sa petite cour : elle se composait alors du comte d'Avaray, du duc de Guiche *, capitaine des gardes; du comte de Cossé, du marquis de la Chapelle, ministre de la guerre; M. de Saint-Priest, ministre des affaires étrangères; le marquis de Jaucourt, sans portefeuille; le duc de Villequier, premier gentilhomme; le vicomte d'Agoult, le chevalier de Montaignac, et le chevalier de Botherel, MM. Guillermy et Courvoi-

* Depuis duc de Grammont, père du duc de Guiche, menin du dauphin.

sier, maîtres des requêtes. C'était là que se rédigeaient les instructions des agences. Louis XVIII, avec ce tact exquis qui le distinguait, ce bonheur et cette manie de style épistolaire, passait des journées à sa correspondance; il écrivait lettres sur lettres pour parler des malheurs de son peuple, si heureux pourtant sous le consulat. Le roi recevait, à Mittau, une pension de 200,000 roubles, ou environ 600,000 francs, de l'empereur Paul, outre 84,000 francs que lui faisait l'Espagne. Ces sommes suffisaient à l'entretien de toute la cour : chaque seigneur logé, chauffé et nourri, recevait 100 louis par an pour ses dépenses.

Sa famille n'était pas tout entière autour de lui : le comte d'Artois continuait à vivre en Angleterre, au milieu des dissipations de toute espèce. C'était l'âme des complots qui se tramaient en France, et de ces agitations sur les côtes de Bretagne, qui troublaient le gouvernement de la république. Depuis sa déplorable conduite à l'Ile-Dieu, le comte d'Artois inspirait peu de confiance et de considération au cabinet anglais : il avait des dettes, et cependant on lui assurait un subside pour ses besoins et ceux de ses principaux amis.

Ses deux fils, les ducs d'Angoulême et de Berri, avaient paru un moment à l'armée de Condé ; le premier vivait auprès du roi, l'autre voyageait sur le continent. Leurs caractères ne se distinguaient par aucun trait saillant, par aucune supériorité : le duc d'Angoulême avait l'esprit étroit, têtu, peu d'instruction, mais une certaine rectitude de jugement corrigeait les défauts d'une éducation négligée; le duc de Berri, ardent, brutal, sans aucune grandeur de manières, ne manquait pas de cœur. Dans quelques engagemens qu'avait soutenus l'armée de Condé, il avait montré du courage, que les bulletins de l'émigration n'avaient pas manqué d'exalter avec enthousiasme.

C'est à Mittau qu'arriva Madame Royale, échangée contre les représentans du peuple captifs; elle avait alors dix-huit ans. Une longue captivité avait laissé des traces profondes dans son esprit et dans son cœur. La fille de Louis XVI fut reçue à Mittau avec tendresse. Jeune et infortunée, elle inspirait ce respect mélancolique attaché au malheur. Elle fut unie au duc d'Angoulême, dans la chapelle catholique de Mittau.

Une lettre du roi, écrite à M. le duc d'Har-

court, son ambassadeur à Londres, indique
que ce fut à cette époque que S. A. R. le duc
d'Orléans se réconcilia avec la famille royale.
Il était arrivé à Mittau un jeune homme de
vingt-quatre à vingt-cinq ans, qui, conduit par
sa mère, était noblement venu se rapprocher du
roi Louis xviii. Le roi disait dans sa lettre : « Je
m'empresse de vous faire part, M. le duc, de
la satisfaction que j'éprouve d'avoir pu exercer
ma clémence en faveur de M. le duc d'Orléans,
mon cousin. Sa respectable mère, cette princesse vertueuse, a été trop grande dans ses
malheurs, pour recevoir de ma part une nouvelle atteinte qui aurait porté le désespoir
et la mort dans son cœur. Elle a été l'intermédiaire entre son roi et son fils. J'ai recueilli avec sensibilité les larmes de la mère,
les aveux et la soumission du jeune prince,
que son peu d'expérience avait livré aux sug-
gestions coupables d'un prince monstrueuse-
ment criminel. »

Alors la Russie s'était déclarée contre la république. En passant à Mittau, Suwarow avait
baisé les mains du roi, et lui avait dit : « Sire,
le jour le plus heureux de ma vie sera celui
où je répandrai la dernière goutte de mon

sang pour vous mettre en état de remonter sur
le trône de vos pères. » Qu'on se rappelle les
sentimens qu'inspirait alors en France le nom
de Suwarow, et combien un trône relevé par
lui eût été populaire!

Les espérances royalistes furent déçues, et
Korsakoff, le principal soutien de la restauration, fut vaincu. Du zèle le plus ardent pour
cette cause, Paul passa tout à coup à la plus
froide indifférence. L'admiration pour Bonaparte alla, dans ce cœur demi-barbare, jusqu'à
l'exaltation, et un ordre du 21 janvier 1801,
intima au roi Louis xviii qu'il eût à quitter sa
retraite de Mittau.

Au milieu du noir climat de la Russie, le
roi, Mme d'Angoulême, se mirent en marche,
traversant les neiges, les glaces de la Courlande
et de la Livonie. La petite cour couchait tantôt
dans une simple et sale auberge, tantôt dans
les châteaux de quelques vieux gentilshommes
qui bravaient les sévères défenses du czar,
pour avoir l'honneur d'héberger un roi. Enfin
on arriva à Memel, où Louis xviii fut obligé
de congédier ses gardes du corps, ces fidèles
serviteurs, qui s'étaient réunis autour de sa
personne, après la mort de Louis xvi. Le

gouvernement prussien ne consentit à recevoir Louis XVIII, qu'à l'expresse condition qu'il ne serait point traité en roi, et qu'il prendrait le simple titre de comte de Lille.

Quelle espérance restait-il encore à la cause royale ? Le seul ennemi qui avait fait face à la France et soutenu les droits des Bourbons venait de traiter avec le premier consul; la paix d'Amiens avait été conclue. L'armée de Condé fut dissoute. Beaucoup d'émigrés, en faveur de l'amnistie, étaient rentrés en France; d'autres se dispersèrent en Allemagne. Sur ces entrefaites, M. de Meyer, président de la diète de Varsovie, se présente au roi (le 26 février 1803), et lui fait, en termes très-mesurés, la proposition de renoncer au trône de France pour lui et les siens. Comme prix de ce sacrifice, Bonaparte était disposé à assurer au roi et à sa famille des indemnités ainsi qu'une existence brillante. Louis XVIII ne voulut point entendre ces propositions, et fit avec dignité la réponse si connue, qui fut remise par écrit à M. le président Meyer. Cette réponse devait être ensuite transmise au premier consul. « Je ne confonds pas M. Bonaparte avec ceux qui l'ont précédé; je lui sais gré de plusieurs actes d'administration, car le bien que

l'on fera à mon peuple me sera toujours cher ;
mais il se trompe s'il croit m'engager à transiger avec mes droits : bien loin de là, il les éta-
blirait lui-même, s'ils pouvaient être litigieux,
par la démarche qu'il fait en ce moment.

« J'ignore quels sont les desseins de Dieu sur
ma race et sur moi ; mais je connais les obligations qu'il m'a imposées par le rang où il lui
a plu de me faire naître. Chrétien, je remplirai
ces obligations jusqu'à mon dernier soupir ;
fils de saint Louis, je saurai, à son exemple,
me respecter jusque dans les fers ; successeur
de François Ier, je veux du moins pouvoir dire
comme lui : Tout est perdu, fors l'honneur. »

Toutes les instances furent inutiles ; on fit entrevoir à Louis xviii que cette note pourrait blesser le premier consul ; il répondit qu'elle était
aussi modérée que possible ; que M. Bonaparte
n'aurait pas le droit de se plaindre, lors même
qu'on l'aurait appelé rebelle et usurpateur. —
Mais il serait possible, lui ajouta-t-on, que les
puissances qui vous accordent des subsides fussent obligées de vous les retirer. — Je ne crains
pas la pauvreté, répondit le roi ; s'il le fallait, je
mangerais du pain noir avec ma famille et mes
fidèles serviteurs. Mais je n'en serai jamais ré-

duit là : j'ai une autre ressource, dont je ne crois pas devoir user tant que j'aurai des amis puissans; c'est de faire connaître mon état en France, et de tendre la main, non au gouvernement usurpateur, cela, jamais, mais à mes fidèles sujets, et croyez-moi, je serai bientôt plus riche que je ne suis. — Mais il serait possible qu'on fût contraint de ne plus vous donner asile dans un état ami avec la France. — Je plaindrai le souverain, dit le roi, qui se croira forcé de prendre ce parti, mais en ce cas, je m'en irai. »

Louis xviii donna connaissance à sa famille des propositions qui lui avaient été faites, et tous les princes, le comte d'Artois, les ducs d'Angoulême et de Berri, le duc d'Orléans, les princes de Condé et de Conti signèrent la protestation suivante :

« Nous, princes, soussignés, frère, neveux et cousin de S. M. Louis xviii, roi de France et de Navarre, pénétrés des mêmes sentimens dont notre souverain seigneur et roi se montre si glorieusement animé dans sa noble réponse à la proposition qui lui a été faite de renoncer au trône de France, et d'exiger de tous les princes de sa maison une renonciation à leurs droits imprescriptibles de succession à ce même trône, déclarons : que, notre attachement à nos devoirs et à notre honneur ne pouvant jamais nous permettre de transiger sur nos droits, nous adhérons de cœur et d'âme à la réponse de notre roi ;

« Qu'à son illustre exemple, nous ne nous prêterons jamais à la moindre démarche qui puisse avilir la maison de Bourbon ;

« Et que si l'injuste emploi d'une force majeure parvenait (ce qu'à Dieu ne plaise!) à placer de fait et à jamais de droit sur le trône de France tout autre que notre roi légitime, nous suivrions avec autant de confiance que de fidélité la voix de l'honneur, qui nous prescrit d'en appeler jusqu'à notre dernier soupir à Dieu, aux Français et à notre épée. »

Alors seulement le roi Louis XVIII et les royalistes ne comptèrent plus sur Bonaparte. Avaient-ils besoin du meurtre du duc d'Enghien pour s'en convaincre? Imiter Monck était au-dessous des vastes desseins du premier consul. C'était un rôle déjà pris ; il fallait quelque chose de neuf et de plus grand au génie de Napoléon !

CONSPIRATION

DE GEORGES, PICHEGRU ET MOREAU.

1804.

Le dessein du consul à l'empire n'était plus un secret. Les tribuns Curée et Siméon n'avaient point encore prostitué leurs voix pour appeler le despotisme impérial; mais le tribunat, le sénat, le corps législatif étaient prévenus. Déjà Lucien avait publié sa fameuse brochure *sur le parallèle de Monck, Cromwell et Bonaparte*. Les préfets avaient recu l'ordre de préparer les esprits à la constitution nouvelle, dont on discutait les bases dans les réunions de Saint-Cloud et parmi les confidens du conseil-d'état. César visait à la pourpre d'Auguste.

Dans cette situation d'esprit, un véritable mécontentement se manifestait dans l'armée. Bonaparte trouvait bien un dévouement absolu parmi la garde consulaire, dans ses jeunes lieutenans des armées d'Italie et d'Egypte, et dans quelques généraux sans idées politiques, tels que Lefebvre, Junot, Savary; mais Moreau, Masséna, Jourdan, tous les vétérans des armées de Sambre et Meuse et du Rhin détestaient l'ambitieux jeune homme qui aspirait à la dictature impériale. Déjà cette opposition de l'armée s'était manifestée lors de la publication du concordat et des cérémonies du culte catholique. Un vieux général républicain s'était écrié : «.Bonaparte, tu veux donc rétablir les préjugés que nous avons effacés dans le sang ? » Un autre avait dit : « C'est beau, mais il n'y manque que le million d'hommes sacrifiés pour détruire toutes ces capucinades. »

Bonaparte revenait bien tout éclatant de la gloire de Marengo, mais la bataille de Hohenlinden était un fait d'armes plus décisif encore. Moreau s'était couvert de lauriers, et rapportait une réputation plus pure, plus désintéressée que celle du premier consul; son état-major le chérissait, lui était dévoué surtout; ses lieutenans Lecourbe, Dessolle et Lahorie, tous les hommes de son école, ne dissimulaient pas la haine qu'ils portaient à Bonaparte.

Les royalistes, toujours à l'affût des chances

favorables qui pouvaient s'ouvrir pour le rétablissement de la maison de Bourbon, cherchaient à se rapprocher de cette partie mécontente de l'armée. Pichegru avait quitté Londres pour se rendre à Paris. Il avait servi de lien naturel au complot contre le gouvernement de Bonaparte. Pichegru avait connu Moreau à l'armée du Rhin. On annonçait même que quelques ouvertures sur le rétablissement de la maison de Bourbon avoient déjà été faites à Moreau. Une grande partie des officiers de Georges Cadoudal étaient arrivés de l'armée royale du Morbihan à Paris. De fréquentes entrevues avaient eu lieu entre Lajolai, aide-de-camp de Moreau, et Pichegru. Quel pouvait en être l'objet? On ne sait pas si Moreau voulait la restauration des Bourbons, mais il n'est pas douteux qu'il n'adoptât avec faveur tout projet qui tendait à renverser le pouvoir de Bonaparte.

Bientôt la police fut prévenue que MM. Armand de Polignac, Jules de Polignac, Charles de Rivière étaient à Paris, qu'ils y avaient vu Georges et ses lieutenans. Rien ne transpirait sur leur dessein. Il n'existait encore aucune conviction. Le premier consul ordonna cependant qu'ils fussent tous arrétés: Georges, les deux MM. de Polignac, le marquis de Rivière, Pichegru et Moreau lui-même.

L'arrestation de Georges fut violente. Le fougueux chef de l'armée du Morbihan renversa d'un coup de pistolet l'officier de paix qui tenait la bride de son cheval. MM. de Polignac et de Rivière furent successivement saisis chez une femme qni leur avait donné asile. Ils subirent leur interrogatoire, dont il résulta de curieux détails sur les projets de restauration.

Le conseiller Réal demanda à Georges : Quel est le motif qui vous a amené à Paris. — J'y suis venu dans l'intention d'attaquer le premier consul. — Quels étaient vos moyens d'attaque? — L'attaque devait être de vive force. — Où comptiez-vous trouver toute cette force-là? — Dans toute la France. — Il y a donc dans toute la France une force organisée à votre disposition et à celle de vos complices ? — Non, mais il y aurait eu une réunion de forces à Paris.—Quels étaient donc vos projets et celui de vos conjurés? —De mettre un Bourbon à la place du premier consul. — Quel était le Bourbon désigné? — Louis-Xavier-Stanislas, ci-devant MONSIEUR, reconnu par nous pour Louis XVIII.

M. Armand de Polignac fut également interrogé. — Quels motifs ont déterminé votre voyage et votre séjour actuel en France? — Le désir de voir mes parens, ma femme et mes amis. — Le prince comte d'Artois n'était-il pas attendu en France pour le mois de février? — Je n'en ai pas la certitude; mais si le prince en avait eu l'intention, je suis assuré qu'il ne se serait rien passé de vil ni d'odieux. Si Georges et les siens sont ici d'après les ordres du prince, ils n'auraient rien entrepris sans que le prince fût arrivé, et alors il y aurait eu engagement personnel et loyal entre le prince, soutenu de ses partisans, et le premier consul.

M. de Rivière répondit ainsi à l'interrogatoire suivant : — Quels sont les motifs de votre voyage? — De m'assurer de l'état des partis et de la situation politique intérieure, afin d'en faire part aux princes qui auraient jugé, d'après mes observations, si'ls devaient venir en France ou rester en Angleterre. Je dois dire que je n'avais reçu aucune mission particulière d'eux dans ce moment. — Quels sont les moyens dont on voulait se servir pour assurer ou opérer le rétablissement que le prince et tous ses adhérens regardaient comme prochain ? — Je ne sais pas positivement, mais je crois que c'eût été la réunion d'une force imposante pour s'attirer des partisans. — Accusé de Rivière, reconnaissez-vous ce portrait? — C'est celui de monseigneur le comte d'Artois, qu'il eut la bonté de me donner. La légende qui est derrière est de mon écriture; en voici le contenu: paroles de monseigneur: « *Conserve-toi pour moi, envers et contre nos ennemis communs; 22 octobre* 1796. Donné par Mgr le comte d'Artois à son ami fidèle de Rivière et son aide-de-camp, à son retour de plusieurs voyages dangereux à Paris et dans la Vendée. » Le comte d'Artois m'a remis ce portrait à la suite de la nouvelle de ma mort qui s'était répandue.

M. Jules de Polignac. — A quelle époque avez-vous quitté l'Angleterre? — A peu près en janvier. — Avec qui avez-vous débarqué? — Je me rappelle qu'il y avait dans le vaisseau le général Pichegru. — Quelles sont les raisons qui vous ont déterminé à passer en France? — Pour rejoindre mon frère et retourner en Russie.

— Avez-vous parlé au comte d'Artois à Londres? — Bien souvent. — N'avez-vous pas eu de conférences avec lui sur la France? — Je ne peux dissimuler que j'aie entendu transpirer quelque chose par rapport à un changement de gouvernement; mais je ne parle que d'après les gazettes anglaises.—Avez-vous vu Pichegru? —Je l'ai vu une fois, mais je n'ai rien su de la conspiration.

Au milieu de ces débats une révélation importante vint jeter de vives lumières : Bouvet de Lozier, un des conjurés, avait cherché à attenter à ses jours en se pendant. Rappelé à la vie, il demanda à faire des aveux, et voici la déclaration solennelle qu'il adressa au grand juge, ministre de la justice : «C'est un homme qui sort des portes du tombeau, encore couvert des ombres de la mort, qui demande vengeance de ceux qui, par leur perfidie, l'ont jeté lui et son parti dans l'abîme où il se trouve. Envoyé pour soutenir la cause des Bourbons, je me suis vu obligé ou de combattre pour Moreau ou de renoncer à une entreprise qui était l'unique objet de ma mission. MONSIEUR devait passer en France pour se mettre la tête des royalistes. Moreau promit de se réunir à la cause des Bourbons. Les royalistes rendus en France, Moreau se rétracte ; il leur propose de travailler pour lui et de se faire nommer dictateur. Voici le fait : dans des conférences qui ont eu lieu à Paris entre Moreau, Pichegru et Georges, le premier manifeste ses intentions, et déclare ne pouvoir agir que pour un dictateur et non pour un roi. De là, l'hésitation, la dissension et la perte presque totale du parti royaliste. Il y eut encore une conférence le 26 janvier entre Moreau, Pichegru et Georges; j'étais présent; elle nous fit présager ce que plus tard Moreau proposa ouvertement à Pichegru tout seul; savoir: qu'il n'était pas possible de rétablir le roi; il proposa d'être mis à la tête du gouvernement comme dictateur, ne laissant aux royalistes que la chance d'être ses collaborateurs ou ses soldats. »

« Je ne sais de quel poids sera auprès de vous l'assertion d'un homme arraché depuis une heure à la mort; mais je ne puis retenir le cri du désespoir, et ne pas attaquer un homme qui m'y réduit. »

Dès lors, il était évident que le parti royaliste voulait se servir des mécontens que faisait dans l'armée l'ambition de Bonaparte, pour tenter un coup de fortune. Pichegru et Moreau s'étaient rapprochés, non pas dans le même dessein, mais tous deux animés d'une haine égale contre l'heureux consul. Les mécontentemens survécurent dans l'armée, mais la conspiration royaliste échoua. Georges Cadoudal et quatorze de ses officiers portèrent avec fierté leurs têtes sur l'échafaud. Ils n'avaient point voulu les courber. Les familles éplorées de MM. de Rivière et Polignac obtinrent pour eux, du nouvel empèreur, une commutation de peine. Ainsi furent sacrifiées d'autres victimes aux tentatives maladroites du comte d'Artois qui encore une fois, comme à l'Ile-Dieu, avait promis de paraître sur le continent et *d'enfoncer son chapeau* au jour du danger.

La révolution avait bouleversé toute la vieille société. Qui aurait pu, en 1796, reconnaître les vestiges de l'ancienne monarchie? Le peuple était dans les institutions politiques. La violence militaire sauvait quelquefois le pouvoir, mais l'administration publique, partout collective, partout dans les mains des assemblées primaires, n'offrait aucun des élémens de ce gouvernement monarchique que la restauration voulait rétablir. La royauté, la noblesse, le clergé, la distinction des rangs et des castes, tout cela était proscrit. Supposons que la restauration eût éclaté au milieu de ces faits nouveaux, que d'obstacles n'eût-elle pas rencontrés! Comment les Bourbons, avec leur gouvernement flasque et tracassier, auraient-ils pu ployer cette nation indocile et nouvelle à l'adoration des idoles qu'elle avait renversées ? Elever la restauration sur les ruines de la république était chose impossible. Il fallait un gouvernement intermédiaire, qui de sa main de fer ramenât la société dans les proportions monarchiques. Napoléon s'en chargea.

La constitution de l'an xii, qui établit le pouvoir impérial, fonda une monarchie absolue. Un sénat nommé par l'empereur sur des candidats désignés ; un tribunat discutant à peine ; un corps législatif muet et sans pouvoir d'amendemens ; un conseil d'Etat composé d'hommes habiles, mais sous la main du prince : voilà quelles étaient les garanties politiques. L'administration centralisée transmettant son impulsion par des préfets ; une police forte, active, soupçonneuse, arbitraire ; des tribunaux assouplis, sans action sur l'administration, et réduits à leur seule fonction judiciaire, aux discussions entre particuliers ; l'institution du jury appelé seulement pour les crimes privés ; les tribunaux spéciaux remplaçant les cours ordinaires de justice ; voilà ce qui composait l'organisation du nouvel empire. Il ne restait plus aucun vestige de la république.

Dès le consulat, Bonaparte avait institué l'ordre de la Légion-d'Honneur, sur le modèle des vieilles institutions monarchiques de saint Louis et du mérite militaire. Le directoire avait distribué quelques sabres d'honneur; mais ces récompenses isolées n'apportaient aucun privilége, ne constituaient pas un ordre, une hiérarchie de chevaliers : la Légion-d'Honneur jetait les premiers germes d'une noblesse nouvelle, elle rappelait les distinctions abolies. Son objet était élevé, généreux, mais elle anéantissait le principe de l'égalité républicaine.

L'empereur ne s'arrêta point. La constitution de l'an XII remit sur la scène les titres surannés de la féodalité. La France revit une noblesse. Il y eut des ducs, des comtes, des barons, des chevaliers. Le titre de *monseigneur*, le cérémonial de cour emprunté aux somptuosités de Versailles, l'étiquette de deuil, de réception, reprirent leur puissance. Peu après, la noblesse devint héréditaire; les majorats furent constitués; il y eut de grands fiefs militaires, des gouverneurs de provinces, tout l'appareil de l'ancienne monarchie, moins la royauté antique.

La religion catholique sortit éclatante et ses
autels furent relevés. Les prêtres échappaient
à peine aux persécutions du directoire, lorsque
le concordat de l'an x rétablit le culte. Bientôt
l'Eglise catholique eut sa hiérarchie, ses cardinaux, ses évêques, son abbaye de Saint-Denis
avec ses pompes. Le nouvel empereur se fit
sacrer dans l'église de Notre - Dame à Paris,
comme les fils des Capets à Reims. Dès lors il y
eut aux Tuileries des chapelains, des aumô-
niers, tout l'attirail religieux des cours de
Louis xiv et de Louis xv; même les sépultures
royales furent rétablies.

Ainsi Napoléon ramenait la société en arrière,
l'entraînait à la restauration; mais son regard
pénétrant avait mesuré les vices de ses institutions. Tout fut dirigé vers la perpétuité de la
nouvelle dynastie; tout dut faire oublier l'ancienne. Un système d'éducation publique entièrement conçu dans les idées de l'empire
concentra les émotions de la jeunesse dans
l'amour de son empereur. On savait à peine,
en France, s'il existait des Bourbons, et le
culte secret des autels domestiques de quelques familles patriciennes se perdait effacé
au milieu de cette religion d'enthousiasme et

de gloire fondée par le génie de Napoléon.

L'esprit philosophique, comprimé dans toutes ses expressions de liberté politique, n'en conserva pas moins ses franchises contre les ridicules de la vieille société religieuse et bourbonnienne. Il s'abaissait devant l'homme de la fortune; mais cet homme aimait la civilisation, et toutes ses merveilles. Tous les arts concouraient à célébrer son règne, à perpétuer ses immortels faits d'armes. Une grande partie de son armée lui était dévouée jusqu'à la mort. Il la menait de victoires en victoires, tantôt éblouissant ses généraux par l'éclat de ses succès, tantôt les accablant par ses prodigalités habiles; majorats, pensions, décorations, grades, couronnes, tout s'offrait à leurs espérances. Après la brillante campagne de 1807, 120 millions furent distribués à ses lieutenans. C'est ainsi qu'il étouffait les regrets pour la république, et cherchait à rendre impossible le retour des Bourbons. Sa politique était toute de fusion et d'oubli du passé, pour concentrer tous les intérêts, tous les sentimens dans le présent. Il rendait aux émigrés leur fortune, leurs propriétés, pourvu qu'ils consentissent à unir leurs filles à ses généraux. Les grades étaient assurés dans ses armées aux républicains comme aux chouans qui voulaient adorer sa fortune. Les emplois publics et du palais furent aussi donnés aux noms de la vieille cour ; politique habile dans la prospérité, mais qui tourna contre Napoléon aux jours de ses malheurs !

1809.

A voir ce vaste empire se mouvoir depuis Hambourg jusqu'à Venise avec un admirable ensemble, on l'aurait cru d'une éternelle durée. Cependant bien des causes de dissolution se manifestaient. Il fallait cette grande distraction de conquêtes pour l'empêcher de se heurter contre les vices de sa propre nature. Lorsque l'empereur résidait dans sa capitale, lui seul donnait l'impulsion à cette immense machine administrative; mais, presque toujours à la tête de ses armées, il était obligé de déléguer son pouvoir à un conseil de grands dignitaires et de ministres chargés chacun d'une branche spéciale de service.

Le prince Cambacérès, archichancelier de l'empire, jouissait de la plus haute confiance de Napoléon. C'était celui qui, sans arrière-pensée, par un besoin d'ordre profondément senti, le servait avec le plus de dévouement. C’était un homme de sens, très-versé dans l’étude des lois, voyant avec une grande sagacité les questions politiques. Il présidait le conseil : ses paroles étaient écoutées avec attention ; dans les délibérations administratives, l’empereur se déterminait rarement sans avoir consulté Cambacérès. Mais, timide à l’excès, sa voix s’élevait à peine pour contrarier le maître dans ses desseins. Toutefois, il s’était prononcé contre le mariage de Napoléon avec une archiduchesse, et pour son union avec une princesse russe. Parmi les hommes de politique et d’administration, Cambacérès jouissait d’une réputation élevée ; mais la caricature royaliste et républicaine aimait à s’exercer sur les faiblesses et les vanités de l’archichancelier. Au fond, Cambacérès était un homme probe, fidèle à ses devoirs, un peu ébloui de sa fortune, dont il sut jouir honorablement. Dans son exil, Louis XVIII en faisait le plus grand cas.

M. de Talleyrand, esprit fin, délié, ayant par-dessus tout cette fleur de bon goût, ces grands airs qui distinguaient l’ancienne cour, avait eu d’abord toute la confiance de Napoléon qu’il servit avec dévouement au 18 bru-

maire. De longues habitudes de cour, des affaires souvent embarrassées, avaient entraîné
M. de Talleyrand dans cette vie de mouvement
qui déjà l'avait fait distinguer sous le directoire.
Une grande souplesse d'esprit, une dextérité
admirable pour savoir sortir avec convenance
et avantage des positions les plus difficiles, lui
avaient fait une grande réputation d'habileté.
Jamais physionomie plus impassible, jamais
parole plus officielle et plus légère tout à la
fois. Comme morale politique, M. de Talleyrand affichait une grande indifférence, et il rat-
tachait presque toutes ses combinaisons à des
idées plus égoïstes que celles du bien public.
Une seule ambition dominait toutes les autres,
celle de diriger par lui-même absolument et
exclusivement les affaires du pays. Avec de
telles pensées, M. de Talleyrand ne devait pas
long-temps s'accorder avec Napoléon : il fut
disgracié en 1808, le bruit courut qu'il s'était
opposé à l'invasion de l'Espagne et aux plans
gigantesques arrêtés à Erfurt entre les deux
empereurs. Cela le rendit populaire ; car l'opposition aux projets ambitieux de Napoléon
commençait à l'être beaucoup alors. La nuance
qui distinguait le duc d'Otrante de M. de Tal-

leyrand était sensible : esprit non moins actif, non moins habile à se replier sur lui-même dans les positions difficiles, il n'avait pas ces formes élevées, ces bonnes manières que le grand monde seul peut donner. Ses allures de police, les rapports qu'elles imposent, l'avaient habitue à ne jamais s'adresser qu'à la partie corruptible du cœur humain. Il ne voyait souvent que ce cote dans la politique, et voilà pourquoi son incontestable habileté fut si souvent déjouée. Le duc d'Otrante apportait quelquefois dans les affaires une extrême légèreté, une sorte de bonhomie. Il avait une répugnance invincible pour les excès; sa police était protectrice, modérée; jamais les opinions hostiles n'eurent à s'en plaindre; elles le considéraient comme un appui contre les violences de Napoléon. Personne ne connaissait mieux le parti patriote, ses intérêts, ses complots, son côté fort, son côté niais, comment il fallait le conduire et le tromper. Le caractère particulier du duc d'Otrante était de n'appartenir jamais à personne, de traiter avec tous, afin de toujours surgir en première ligne à tout événement. Quand il vit que l'empereur, incorrigible dans son ambition, devait périr par la guerre, il eût désiré un changement; car c'était l'homme qui savait le plus habilement abandonner une cause, lorsqu'il là croyait perdue; mais toutes ses prévoyances de révolution prenaient pour base la mort de l'empereur. En 1809, tandis que Napoléon combattait en Autriche, le duc d'Otrante organisa les gardes nationales et repoussa l'expédition anglaise de Valcheren. Bernadotte était à la tête des troupes. Le sénat agit de sa propre impulsion. Plus tard on apprit que cet acte vigoureux se liait à une pensée encore vague d'indépendance politique, et que si Napoléon avait été tué à Wagram, on aurait tenté un affranchissement de la patrie. Fouché n'avait pas la confiance entière de Napoléon, qui s'en servait comme d'une puissance redoutable, et qui s'en débarrassa quand le temps fut venu*. Dès lors

---

* Lorsque Napoléon revint de sa campagne de Wagram, il passa par Compiègne, où toute la cour et les grands dignitaires furent convoqués. Le bruit de la disgrâce du duc d'Otrante avait circulé, et déjà les visages froids des courtisans annonçaient l'orage. Mais, après une conversation fort longue dans le cabinet particulier de l'empereur avec le ministre de la police, Napoléon admit toutes ses justifications; et lorsque M. de Fontanes, avec sa grâce laudative, dit à l'empereur qu'il avait fait de bien grandes choses, Napoléon répondit : On en a fait aussi de bien glorieuses en France, et il faut avouer que j'ai un ministre de la police prodigieux. C'est sans doute cette haute opinion qui amena plus

les deux hommes les plus habiles en politique, MM. de Talleyrand et Fouché, se rangèrent dans le parti des mécontens, mais avec prudence. Ce fut pour l'opposition une grande conquête : car, qu'étaient les autres dignitaires de l'empire ? le prince Lebrun, en dehors des affaires, long - temps en disgrâce dans son gouvernement de Gênes ; Savary, espèce de gendarme en politique ; MM. de Caulaincourt et de Bassano, esprits exercés, mais sans étendue, sans volonté ? Le conseil d'Etat offrait des hommes habiles et spéciaux, Treilhard, Berlier, Merlin, Regnault de Saint-Jean-d'Angely, Muraire, François de Nantes, Bérenger, Dejean, mais les hommes politiques avaient disparu. Il y avait mille mains, mais une seule tête : NAPOLÉON !

Le sénat, institution tout impériale, offrait dans ses actes extérieurs l'image de la servilité ; c'était le sénat de Rome aux pieds de César. On se serait trompé cependant si l'on avait jugé qu'il existât un dévouement individuel des sénateurs envers Napoléon ; on confond

tard la disgrâce du duc d'Otrante. Napoléon ne voulait pas qu'il y eût *deux empereurs* en France, comme il le dit à son ministre en lui retirant le portefeuille, lors de la négociation secrète avec lord Wellesley.

souvent la docilité avec le dévouement; l'une naît de la crainte, l'autre vient du cœur. Le sénat comptait les débris de l'ancienne république, les vieux généraux de 1789 et 1791, toutes les sommités de la société intelligente et politique. Le prestige attaché à la gloire de Napoléon, ses merveilleuses victoires, le désir de conserver leurs biens et la paix domestique, portaient toutes ces âmes molles et fatiguées à subir les volontés du maître. Quelques boules noires se joignaient à peine aux votes indépendans de MM. Grégoire, Lanjuinais et Boissy-d'Anglas, consciences austères, mais esprits étroits et systèmatiques. Les sénatus-consultes pour la levée de quelque cent mille hommes, se rédigeaient dans le cabinet de l'empereur, et recevaient la sanction aveugle du sénat. La commission sénatoriale pour la liberté de la presse et la liberté individuelle, dérision amère, se réunissait à peine, mais on aurait porté un jugement erroné sur le sénat, si l'on y avait cherché une force pour le trône impérial. MM. de Talleyrand et le duc d'Otrante y comptaient un grand nombre de partisans; les hommes d'opinions diverses, tels que Barthélemy, Monge, Serrurier, supportaient avec peine cette humiliation d'obéissance, que l'empereur ne prenait même plus la peine d'adoucir. Aussi Louis xviii, du fond de sa retraite de Mittau, comptait sur le sénat. Il ne lui manqua pas en 1814.

Le tribunat avait cessé d'exister en 1808. Après la campagne de Prusse, les entrevues du Niémen et d'Erfurt, l'empereur avait jugé inutile toute discussion publique. Le tribunat, déjà décimé sous le consulat, fut complètement supprimé, comme une superfétation. Le corps législatif dont la nomination appartenait, pour ainsi dire, au sénat conservateur, se réunissait à peine trois mois de l'année. Il n'y avait pas de contradiction ; deux orateurs du gouvernement portaient un projet de loi au corps législatif, et en exposaient les motifs dans des discours faits avec talent ; une commission était nommée, puis on passait au scrutin sans discussion ! cependant le corps législatif muet, comptait des hommes de conscience et de liberté. Le projet du code pénal, conception arbitraire, trouva 102 voix d'opposition, plus d'un tiers des membres votans : aussi l'empereur étonné, adressa-t-il une note de cabinet à ses ministres, pour qu'ils eussent à rappeler au corps législatif, qu'il se faisait une bien fausse idée de sa position, s'il pensait représenter le peuple; que l'empereur était le premier et le seul représentant de la nation. C'était ainsi un commentaire de la loi *regiæ majestatis*, en faveur du nouvel Auguste.

Cette situation des corps politiques était loin de fortifier le pouvoir impérial. Au moindre revers de fortune, ces institutions devaient courir à leur indépendance, comme à la conquête de leur honneur et de leur popularité, et par conséquent devenir hostiles à Napoléon. Louis xviii épiait ce moment, et recommandait à tous ses anciens partisans, d'entrer dans les corps de l'état pour le servir dans les circonstances.

L'armée, comme on l'a dit, contenait aussi un foyer d'opposition. Aucun des généraux de l'empire ne possédait les talens militaires de Napoléon, mais beaucoup avaient son ambition, rêvaient des couronnes, ou soupiraient après le repos. Cette élévation de toute la famille de l'empereur, ces médiocrités couronnées en Espagne, en Westphalie, en Hollande, excitaient la jalousie des vieux guerriers tels que Masséna, Bernadotte, Augereau, qui se demandaient pourquoi un jeune homme imberbe portait la couronne à Cassel, et Joseph à Madrid, tandis que les vieux généraux qui avaient sauvé les armées de l'empereur, n'étaient encore que ses lieutenans. Beaucoup de ces vétérans des armées aspiraient au terme de si longues fatigues. Dans les rangs inférieurs, à travers ce dévouement aveugle à Napoléon et à la victoire, s'était glissée la société secrète des philadelphes qui nourrissait l'esprit républicain; leur organisation mystérieuse obéissait à un chef inconnu, mais respecté. Le colonel Oudet, fusillé après la bataille de Wagram, passait pour le grand maître des philadelphes, et le guet-à-pens qui lui fut tendu, au moment où Bernadotte venait de délivrer le territoire français à la tête des gardes nationaux, tenait sans doute à la crainte d'un complot plus étendu, et qui a été enseveli dans le tombeau d'Oudet. Aussi une police sévère s'exerçait sur l'armée ; l'empereur y veillait plus encore que sur son empire; car qu'était son trône sans ses soldats!

Après les mécontentemens de l'armée venaient ceux de l'église. Le catholicisme avait été d'abord tout d'amour et de reconnaissance pour le restaurateur du culte, mais les actes organiques du concordat, la conduite de l'empereur envers le pape, avaient soulevé un grand nombre de prêtres et de pieuses personnes. Déjà après le concordat il s'était formé une petite église qui n'avait pas voulu obéir à la convention conclue avec le Saint-Père; elle conservait son dévouement pour les évêques que la révolution avait chassés de leurs diocèses, et qui n'avaient pas voulu donner leur démission. Plus tard, après l'excommunication de l'empereur, il s'établit une société catholique en correspondance avec Pie VII; son siége était placé à Lyon et à Genève; on répandait les monitions du pape contre le gouvernement impérial et des lettres encycliques. Des cardinaux et des évêques étaient à Vincennes, ou détenus dans d'autres prisons d'état; des espèces de missionnaires voyageurs, parmi lesquels se distinguait déjà l'ardent M. Franchet, colportaient les bulles parmi le peuple. Les catholiques fervens n'obéissaient qu'avec peine aux archevêques et évêques nommés sans être institués; s'il y avait un clergé complaisant qui, à l'exemple de l'abbé de Pradt et du cardinal Maury, prenait possession des places lucratives, des archevêchés et des évêchés opulens; d'autres plus scrupuleux refusaient les dignités qui n'étaient point données par le chef de l'église catholique. Les rigueurs de la police venaient échouer devant cette volonté ferme; l'église toujours tracassière remuait les consciences et créait une opposition sourde contre le gouvernement de l'empereur; ces associations devinrent le principe de la congrégation, qui depuis a joué un si grand rôle dans la politique.

L'opinion publique est une puissance qui échappe à tous les despotismes, même à celui de la gloire. Les prodiges du règne de l'empereur avaient attaché la nation à son char; mais la partie moqueuse, ce faubourg Saint-Germain, société à part, le salon de Mme de Staël, la fraction constitutionnelle des écrivains qui n'avaient pas voulu s'agenouiller devant l'idole; toutes ces bouches sérieuses ou spirituelles se liguaient contre les ridicules vanités de la cour nouvelle; une épigramme de Mme de Staël trouvait partout des échos, et venait troubler les joies de la victoire sur le champ de bataille d'Austerlitz ou d'Iéna. La police était aux aguets à toutes les portes, écoutait tous les épanchemens; que pouvait-elle contre des femmes qui trouvaient dans la persécution un aliment de vanité nouvelle? Les écrivains politiques Daunou, Guinguené, Benjamin-Constant, éliminés du tribunat, vivaient dans la retraite sous une continuelle surveillance ; mais le talent se soustrait par tant de moyens à la police! et la disgrâce environne souvent de tant de considération! Ils cultivaient les lettres comme un soulagement, et brûlaient encore un encens pur à la liberté. L'empereur ne laissait passer aucune occasion de les signaler comme des rêveurs et des faiseurs d'utopie; mais il n'osait pas, contre ces nobles célébrités, le règne des *bastilles* dont le décret de 1810 avait multiplié le nombre.

La tactique de Louis xviii au milieu de tous ces élémens d'opposition, était simple : se présenter comme l'homme de la liberté, comme le précurseur d'un système constitutionnel.

1804 — 1809.

La protestation du roi Louis xviii et de sa famille n'avait point arrêté Napoléon. Le roi et le comte d'Artois vivaient depuis long-temps séparés ; une froideur marquée existait entre les deux frères ; dans la circonstance solennelle du sacre du nouvel empereur, ils crurent devoir se rapprocher. Le rendez-vous fut donné à Calmar, en Suède ; ils y vinrent le 5 octobre 1804. Après des conférences multipliées, on arrêta une déclaration aux Français. Le roi Louis xviii y promettait de maintenir les grades, les honneurs, à chacun ses propriétés ; l'égalité et la liberté des personnes, l'oubli du passé, une amnistie générale, et terminait ainsi :

« Au sein de la Baltique, en face et sous la protection du ciel, fort de la présence de notre frère, de celle du duc d'Angoulême, nôtre neveu, de l'assentiment des autres princes de notre sang, qui tous partagent nos principes et sont pénétrés des mêmes sentimens qui nous animent, attestant et les royales victimes et celles que la fidélité, l'honneur, la piété, l'innocence, le patriotisme, le dévouement offrirent à la fureur révolutionnaire, ou à la soif et à la jalousie des tyrans; invoquant les mânes du jeune héros que des mains impies viennent de ravir à la patrie et à la gloire *, offrant à nos peuples, comme gage de réconciliation, les vertus de l'ange consolateur que la Providence, pour nous donner un grand exemple, a voulu attacher à de nouvelles adversités, en l'arrachant aux bourreaux et aux fers; nous le jurons! jamais on ne nous verra rompre le nœud sacré qui unit nos destinées aux vôtres, qui nous lie à vos familles, à vos cœurs, à vos consciences; jamais nous ne transigerons sur l'héritage de nos pères, jamais nous n'abandonnerons nos droits. Français! nous prenons à témoin de ce serment le Dieu de saint Louis, celui qui juge les justices.

» Donné le 2 décembre, l'an de grâce 1804, et de notre règne le dixième. *Signé* LOUIS. »

* Le duc d'Enghien.

» Et plus bas,

» ALEXANDRE-ANGÉLIQUE TALLEYRAND-PÉRIGORD.

» Le comte D'AVARAY. »

Cette déclaration fut imprimée en petit format in-32, et, chose curieuse! envoyée par la poste aux autorités constituées et aux Français notables. Le roi Louis XVIII y avouait enfin les changemens survenus depuis 1789. On entrait dans un système de concessions.

La coalition de 1805 se formait alors, et les agens royalistes cherchèrent à la mêler à des idées de restauration. On proposa de mettre à la tête d'un corps de Suédois MM. les ducs de Berri et d'Orléans qui vivaient à Londres. Le duc de Berri avait accepté, mais les événemens firent échouer ces projets. L'Autriche fut vaincue, la Prusse soulevée par les intrigues du comte d'Antraigues avait succombé à son tour. Alexandre et Napoléon s'étaient unis d'une étroite alliance ; Louis XVIII revint à son idée primitive d'agir par l'intérieur, et de renverser l'empire de Napoléon par ses propres élémens.

D'après une note fournie au roi, et sans doute bien inexacte pour certains noms propres, voici sur quels personnages la restaura-

tion comptait alors : « Lebrun, archi-trésorier ;
Serrurier, maréchal ; Lefèvre, maréchal ; Pérignon, maréchal ; Lambretch, Lacépède, Lanjuinais, Pléville le Peley, Abrial, Jaucourt, Boissy-
d'Anglas, Barbé-Marbois, Pontécoulant, Clément de Ris, Chaptal, Beurnonville, Emery, Barthélemy, Defermont, Pelet (de la Lozère), Mollien, Masséna qui, quoique élevé en dignités,
n'est pas pour cela plus attaché à Bonaparte ;
Brune, maréchal d'empire, Dessolle, général ; il
était, à l'armée d'Hanovre, ami particulier de Moreau ; Macdonald, qui a refusé d'être employé ;
Lecourbe, exilé à 40 lieues de Paris, pour avoir
donné un signe d'approbation à Moreau, dans
une des audiences du tribunal criminel où ce
général avait parlé ; Jourdan, maréchal d'empire ;
le général Dejean, ami particulier de Pichegru ;
le général Souham, oncle de l'abbé David,
aimé de l'armée ; le général Régnier, disgracié
pour avoir tué en duel le général d'Estaing,
partisan de Bonaparte à son retour d'Egypte ;
le général Delmas, exilé à soixante lieues de
Paris, pour avoir dit à Bonaparte qu'il ne faisait que des capucinades ; les généraux Eblé,
Férino, Verdier, Saint-Hilaire, ami particulier
de Macdonald ; Fouché, Réal, qui ont dans les

mains de quoi faire naître une conjuration nouvelle au moment où ils croiront qu'elle sera nécessaire. »

C'était donc par la combinaison des partis républicains, royalistes et constitutionnels que Louis xviii voulait opérer; et nous verrons plus tard, en effet, que la conspiration Mallet reposait sur ces élémens. Aussi les agens de Paris n'avaient-ils plus le même caractère; le petit nombre des correspondans de Louis xviii formait comme un mélange de royalistes et de doctrinaires constitutionnels. C'étaient MM. l'abbé de Montesquiou, Royer-Collard, Camille-Jordan, qui servaient les intérêts du roi dans la capitale, et entretenaient sa correspondance, mais avec une extrême timidité.

Les royalistes, presque sans espérances, ne cessaient cependant d'agir ; ils entamèrent, en 1807, une négociation avec Berthier, devenu prince souverain de Neufchâtel. Déjà une précédente négociation avait été essayée en 1798 ; et, tandis que Louis xviii offrait le cordon bleu à M. Bonaparte, il assurait le cordon rouge et le rang de lieutenant-général à Berthier. En 1807, on avait travaillé sur de plus larges bases; et le grade de maréchal de France lui avait été offert. Mais rien ne réussissait; presque toutes les tentatives avaient échoué, et le roi, à qui on demandait de nouveaux pouvoirs et des instructions, répondit : « Quelles instructions puis-je donner? quels pouvoirs puis-je répartir? qui en revêtirais-je? On demande que je parle de nouveau; à qui? comment? en quel langage? Tout est renfermé dans ma déclaration de Calmar. S'agit-il d'un militaire? conservation de l'emploi, avancement proportionné aux services, abolition du réglement de 1781, tout y est assuré. Veut-on aborder un administrateur? son état sera maintenu. D'un homme du peuple? la conscription, cet impôt le plus onéreux de tous, sera abolie. A un nouveau propriétaire? je me déclare le protecteur des *droits* et des *intéréts* de tous. Aux coupables enfin? les poursuites sont défendues, l'amnistie générale est solennellement annoncée, la porte du repentir ouverte. Si je me trouve, comme Henri IV, dans le cas de racheter mon royaume, je donnerai des pouvoirs à qui cela sera nécessaire, mais actuellement, ce n'est pas le cas.

» *Signé* LOUIS.

» Mittau, 22 mars 1806. »

Les idées avaient bien changé depuis les déclarations de 1794. Ce n'était plus un stérile
pardon qu'on offrait, mais on commençait à
traiter avec la révolution sur des bases constitutionnelles. Le comte d'Antraigues, dans un
mémoire fort étendu, abordait même les questions vitales, celles de l'aliénation des biens
des émigrés. « A parler clair, disait-il, quel est
le parti qui a créé Bonaparte et qui le sou-
tient? ce sont les jacobins. Non pas la populace
de ce parti, mais les chefs dans le gouvernement, dans les armées, dans les départemens.
Lui seul peut aussi le renverser.

« Que doivent désirer, pour opérer ce grand
mouvement, les chefs de ce parti tout-puis-
sant?

» 1° La sûreté individuelle de leurs personnes;

» 2° La perpétuité de tous les emplois dont
ils sont revêtus;

» 3° L'assurance la plus positive de la jouis-
sance des propriétés qu'ils ont acquises, de
quelque nature que soient ces propriétés et le
moyen employé pour les acquérir.

» Or, je pense que l'exécution de ces trois
articles est devenue en 1806 une nécessité irré-

sistible par la seule force des événemens et des
choses, et par conséquent que l'assurance que
l'on doit placer sur leur exécution, ne repo-
sant plus sur les promesses des hommes, mais
sur l'absolue nécessité, au lieu d'une assurance
morale, devient une assurance physique.

» Les régicides ont, sans doute, commis un
grand crime; mais ceux qui renverseraient le
tyran actuel, rappelleraient le roi sur le trône
de ses pères, et donneraient ainsi la paix à
leur patrie et le repos au monde, rendraient le
plus étonnant de tous les services qu'il soit au
pouvoir des hommes de rendre à l'univers, et
à ce titre, sans doute, ils ont droit à d'éton-
nantes récompenses. C'en est une étonnante,
en effet, qu'une existence assurée et la possession de leurs richesses, ou l'acquisition d'une
grande fortune après les événemens qui se sont
passés; et je suis convaincu que le consentement universel de l'Europe sanctionnerait les
promesses sacrées que ferait le monarque.

» La révolution a fait quelques établisse-
mens utiles; elle en a détruit qu'il est impossible de restituer. L'autorité royale saura légitimer ce que la révolution a fait de bon et
l'amalgamer même avec ce qu'il est utile de

rétablir. Qui peut faire ce travail, si ce ne sont les magistrats actuels au courant des affaires des hommes et de l'intérêt national?

» Quant au militaire, on conviendra qu'il en faut en France; qu'il le faut habile, primant, en état de maintenir la sécurité au dedans et le respect au dehors : et si jamais il fut nécessaire d'avoir un état militaire imposant, c'est surtout à un roi qui succède à une révolution et qui la termine. En ce moment, l'état est faible s'il n'est fortifié par une force militaire capable de commander les égards et le respect au dehors comme au dedans.

» Quel roi serait assez fou pour chercher un autre état militaire que celui qui existe, et dont les succès ont si bien constaté la force?

» Restent les possesseurs de biens nationaux, et cette question rentre dans celles des sûretés que tous désirent.

» Elle était très-difficile à traiter avant 1800.

» Mais il a plu à Dieu de la simplifier.

» En 1800, la très-grande partie des anciens propriétaires étaient hors de France, et réclamaient les héritages dont la violence seule les avait dépouillés.

» Mais lorsque le tyran actuel a ouvert les

portes de la France à ceux qui lui promettaient fidélité, et qui préalablement consentirent à la vente de leurs propriétés, dès lors les anciens propriétaires ont été libres de conserver l'intégrité de leurs prétentions ou d'en faire le sacrifice. Personne n'a provoqué, personne n'a empêché leur rentrée; d'après ce que l'on m'a dit, le roi ne l'a pas autorisée; il ne l'a pas défendue; il s'est tu, laissant à chacun disposer de lui et de ses biens suivant sa conscience et sa volonté. Il n'y a donc eu, dans cet événement, aucune espèce de contrainte, il ne peut donc y avoir à cet égard aucune espèce de réclamation.

» Ceux qui sont rentrés se sont soumis aux lois du tyran, et lui ont livré leurs propriétés; ils s'en sont bien légalement dépouillés. »

Cet exposé était encore bien loin des principes qu'il fallait établir pour constituer une restauration; mais un pas immense était fait, les questions vitales étaient franchement abordées, et celle des biens nationaux résolue.

Après la paix de Tilsit, Louis xviii comprit que son séjour à Mittau pourrait embarrasser la politique d'Alexandre avec Napoléon. Il est même certain que déjà quelques insinuations

avaient été faites de la part de l'empereur de
Russie pour que le roi eût à quitter sa retraite, et cherchât asile dans d'autres contrées.

Tout le continent obéissait alors à l'influence
de Napoléon. Le roi, le duc d'Angoulême, le duc
d'Avaray, qui réunissait tous les titres ministériels, M. de Blacas, son parent, M. de Da-
mas-Crux, aide-de-camp du duc d'Angoulême,
s'embarquèrent sur la frégate *la Fraya* que le
roi Gustave-Adolphe avait fait mettre à leur
disposition. Les illustres passagers avaient
choisi l'Angleterre pour retraite. Le cabinet
anglais n'était point prévenu, et lorsque la
nouvelle de leur arrivée se répandit, S. A. R. le
comte d'Artois et la coterie de ses plus intimes
confidens, s'opposèrent vivement au débarquement de Louis xviii, et proposèrent à M. Canning, ministre des affaires étrangères, de l'envoyer dans l'intérieur, afin qu'il ne pût exercer aucune influence sur les démarches des émigrés à Londres. M. Canning, en effet, adressa
des ordres à tous les chefs de port, pour qu'ils
eussent à intimer à la frégate *la Fraya* d'aller
toucher à Leith, et que Louis xviii eût à se retirer à Edimbourg. Le roi répondit : « Qu'il ne

venait point demander un asile ; que le but de son voyage était entièrement politique, et qu'il avait pour objet ses intérêts comme roi de France. »

Le cabinet délibéra pendant trois jours : l'opinion de M. Canning fut balancée par celles de plusieurs autres membres du ministère. On arrêta définitivement que Louis XVIII pourrait débarquer à Yarmouth, mais seulement comme simple particulier. En conséquence la note suivante lui fut adressée :

« Si *le chef de la famille des Bourbons* consent à vivre parmi nous d'une manière conforme à sa situation actuelle, il y trouvera un asile honorable et sûr, mais nous connaissons trop la nécessité d'avoir, pour la guerre dans laquelle nous sommes engagés, l'appui unanime du peuple anglais, pour compromettre la popularité qui, jusqu'à ce jour, a accompagné cette guerre.

» En reconnaissant Louis XVIII, nous offririons une belle occasion aux ennemis du gouvernement de l'accuser d'introduire des intérêts étrangers dans une guerre dont la physionomie est purement britannique. »

Le cabinet anglais déclarait ainsi qu'il ne

voulait point s'engager en ce qui touchait la famille des Bourbons et sa restauration. Toutefois Louis xviii fut généreusement accueilli comme particulier, et toute cette illustre famille de réfugiés, habita Gosfield-Holl, château du duc de Buckingham, où la reine et Madame royale vinrent se joindre en 1808. Louis xviii quitta cette résidence en 1810 pour Hartwell, petit château du comté de Buckingham, à seize lieues de Londres. C'est là qu'il devait passer les dernières années de son exil.

1810.

NAPOLÉON touchait au faîte de la grandeur
et de la puissance : tous les trônes s'étaient
abaissés devant lui ; les vieilles dynasties lui
servaient de cortége, et une archiduchesse, la
nièce de Marie-Antoinette, partageait sa couche ;
presque toutes les familles illustres, tous les
grands noms de la monarchie antique avaient
sollicité *l'humiliation* de l'habit de chambellan,
ou endossé le brillant uniforme d'officier d'ordonnance. Dans la maison civile de l'empereur,
on comptait un Ségur, grand maître des cérémonies, un Mortemart, gouverneur de Rambouillet. Le fils d'un petit gentilhomme de Corse
pouvait donc s'enorgueillir de voir parmi ses
chambellans les noms de Contades, Croï, Montesquiou, Just de Noailles, Albert de Brancas,
Charles de Gontault, Auguste de Chabot, Lur-
Saluces et Beauveau. Les plus sémillans des of-

ficiers d'ordonnance étaient le comte de Montmorency, de Chabriant, de Mortemart, et de
Montesquiou. Dans la maison de l'impératrice,
le premier aumônier était le comte Ferdinand
de Rohan, ancien archevêque de Cambrai.
Parmi les dames pour accompagner, se trouvaient Mesdames de Talhouet, de Bouillé, de
Brignolles, de Périgord, de Beauveau, de Mortemart, de Montmorency; et, dans les maisons
de Joséphine, de Pauline, d'Hortense, se trouvaient Mesdames de Vielcastel, de Remusat, née
de Vergennes, de Béarn, de Colbert et de Turenne. Toutes ces nobles races ont dit, en 1814,
qu'on les forçait à servir ainsi l'*usurpateur*; mais
les cartons du cabinet particulier de l'empereur
sont encore remplis des sollicitations pressantes,
des offres de service *au plus grand roi* et *au
plus beau génie de l'histoire moderne.*

. Cet appareil de cour flattait l'orgueil de
Napoléon. Jamais la vieille monarchie, à l'époque de sa plus haute splendeur, n'avait offert
un cérémonial plus sévère; une étiquette
plus puérile. Les pas étaient comptés, les
robes, les toilettes, minutieusement décrites
et imposées. On devait faire un certain nombre
de révérences pour S. M. l'empereur et roi,

pour l'impératrice, la reine Hortense, l'impératrice mère. M. de Ségur passait une journée à régler les *toques* et les *robes à queue*, et le vainqueur d'Austerlitz humiliait brutalement quelques jeunes femmes qui avaient voulu s'affranchir de l'étiquette, venir à la cour sans rouge, ou s'y présenter avec une robe qu'elles avaient déjà mise une fois !

Dans le cérémonial du mariage, on avait vu se réveiller toute les vieilles formules monarchiques : les hérauts d'armes à blason, les pages à plumes, les voitures armoiriées. A Notre-Dame, on emprunta les prières du mariage de Louis xvi avec Marie - Antoinette. Lorsque le roi de Rome naquit, il y eut une maison des enfans de France : une comtesse de Montesquiou en fut la gouvernante, jusqu'à l'âge de sept ans, qu'il devait passer dans les mains des hommes, comme le dauphin de France. En un mot on suivit pas à pas l'Almanach royal de 1786, mais avec un cérémonial plus minutieux encore. Tout, jusqu'aux mœurs, prenait l'allure de la vieille cour : les aides-de-camp, les chambellans, les auditeurs musqués, remplaçaient les mousquetaires, les officiers aux gardes et les petits abbés. Les canapés de Pauline et d'Elisa voyaient se succéder de nouvelles conquêtes, et des rapports toujours aimables, s'ils n'étaient pas toujours sans dangers. La plupart des dames de la cour suivaient cet exemple si entraînant de deux princesses jeunes et belles, qui n'apercevaient, dans le cortége resplendissant du vainqueur de l'Europe, que les belles formes de quelques colonels de la garde !

Quel contraste avec la colonie royale d'Hartwell ! La petite cour de Louis xviii venait d'éprouver le double deuil de la mort de la reine et du comte d'Avaray. Cet ami sincère, que tant de fatigues avaient épuisé, était allé chercher un climat doux et sain sous le ciel pur de Madère. Une correspondance qui reste encore, nous montre quelle douce sympathie unissait le roi à ce fidèle et vieil ami de toutes ses fortunes. On y remarque surtout les idées qu'à cette époque Louis xviii se faisait sur l'état du continent. Les premières lettres de cette correspondance que nous avons eue sous les yeux sont remplies de détails sur la maladie et la mort de la reine. « Je sais, dit le roi, dans une lettre qui suivit ce triste événement, je sais que je parle non seulement à mon ami, mais encore à l'homme spirituel et sensible qui me comprendra, qui sympathisera avec moi, qui peut-être, hélas! comparera ses sensations aux miennes. »

Dans une autre, voici comment il raconte l'impression que lui a causée la naissance du roi de Rome : « Enfin, la famille de Napoléon a un héritier. Si réellement c'est le fils de l'infortunée archiduchesse, ou s'il est entré par la porte, c'est une question de peu d'importance; plusieurs personnes en attachent beaucoup à cet événement, je ne pense pas de même, et je vais vous dire pourquoi. Si Dieu a condamné ce monde, Bonaparte ne manquera pas de successeurs; mais, au contraire, si la colère du ciel doit s'apaiser, rien sur la terre n'empêchera la ruine de l'édifice d'iniquité. »

Le roi parle, dans chacune de ses lettres, de la situation des armées de Wellington et de Masséna, qu'il appelle, avec une complaisante ironie, *l'enfant pourri* de la victoire, lors de la retraite de Portugal.

Le 17 janvier 1811, il écrivait : « J'ai reçu une lettre du duc d'Orléans, datée de Palerme, le 1er novembre. Il m'informe de la naissance de son fils, et s'excuse de ne pas m'avoir sollicité d'être le parrain de l'enfant, en me disant que le roi de Naples lui en avait exprimé le désir. Il me prie cependant d'être le second parrain, conjointement avec la reine, à qui il écrit sur le même sujet. »

A son départ pour Madère, M. le duc d'Avaray désigna M. le comte de Blacas-d'Aulps à la confiance du roi, pour diriger ses affaires. Ce fut là l'origine de la grande fortune de ce ministre, qui devint le favori de Louis xviii. Déjà, à Hartwell, M. de Blacas commençait à adopter ce système d'exclusion, qui ne laissait approcher du roi que les personnes qui consentaient à subir les influences du ministre. Nous verrons, en 1814, les tristes fruits de ce *favoritisme*.

La vie du roi était fort paisible à Hartwell. Selon son habitude, il lisait tous les journaux français, et particulièrement *le Moniteur*. Le 12 avril 1810, on reçut la nouvelle de la célébration du mariage de Napoléon avec Marie-Louise. Louis xviii se promenait dans le jardin, lorsqu'on lui porta le paquet des journaux français qui contenaient la cérémonie du mariage. Il convoqua sa petite cour : M. de la Chapelle, ministre de la guerre, quelques uns de ses gardes du corps qui l'avaient suivi, et qui vivaient à Londres du travail de leurs mains. Le prince leur lut à haute voix le programme du cérémonial, et l'on dit qu'à chaque phrase il s'arrêtait, et quoique prêt à toutes les désertions de la fortune, il ne put se défendre d'une surprise nouvelle à chaque preuve de l'entier oubli de sa cause. La relation du mariage de Napoléon constatait la plus minutieuse soumission de tout ce qu'on avait regardé comme les élémens de la monarchie. D'abord et dès les premières lignes du compte rendu, Louis xviii remarqua les noms des princes étrangers qui étaient venus en France pour faire les honneurs de l'empire à M. Bonaparte. A l'énumération des évêques assistans, le roi reconnut un grand nombre d'évêques déserteurs ; et, voyant le nom d'un Rohan, ex-archevêque de Cambrai, comme premier aumônier de l'impératrice Marie-Louise, il laissa échapper l'expression d'un rapprochement de funeste augure pour la jeune princesse. « Voici encore un Rohan et une archiduchesse d'Autriche ! » Les chambellans étaient signalés par le prince pour des gentilshommes naguères les plus favorisés de sa maison. On

regarda, à Hartwell, cette circonstance comme
la dernière des catastrophes : le blason passant
ainsi au service d'un parvenu, semblait mettre
le comble à toutes les conquêtes, et un can-
dide seigneur de cette cour s'écria que tout
cela pouvait bien n'être qu'un mensonge du
Moniteur. «Je vois, dit-il, dans cette liste, des
comtes et des barons qui ont été princes et
ducs ; un gentilhomme n'oublie jamais ses
titres. Ces messieurs des Tuileries sont tout
simplement quelques mauvais sujets qui ont
pris de beaux noms; on leur a donné des places pour déconsidérer la noblesse.» Le roi ne
reçut personne pendant plusieurs jours ; enfin
il fit réunir sa petite cour, et offrit à tous ceux
qui pouvaient le désirer des passe-ports pour
rentrer en France, tant le triomphe des Bourbons paraissait désormais impossible !

Il ne lui restait plus en effet, à cette cause,
que quelques intrigues d'intérieur, auxquelles
se mêlait l'espionnage de l'Angleterre et souvent
celui de l'empire. L'agent de police Perlet entretenait l'idée qu'il existait en France un comité
secret en faveur de Louis XVIII. Ce comité avait
des ramifications dans le sénat, dans le corps-
législatif. C'est avec ces rapports que Perlet

soutirait l'argent de l'Angleterre, et cherchait à entraîner un jeune prince sur le continent, pour le livrer ensuite au duc de Rovigo ou au comte Dubois. Louis xviii et le cabinet de Londres étaient trompés par les récits mensongers des émigrés ou des généraux mécontens, tels que Sarrasin qui, du camp de Boulogne, était venu chercher un refuge en Angleterre.

Cependant la véritable situation de l'empire répondait à la prévision de Louis xviii. Ce prince disait sans cesse : « Le temps viendra. » Et en effet, ce vaste colosse si admirablement organisé pouvait être fracassé par le plus léger obstacle. Dans tout état où la liberté manque où la souveraineté est despotique, les jours de splendeur touchent aux temps de ruine ; car le despotisme est comme ces fortes machines qu'un grain de sable arrête et brise !

CONSPIRATION MALLET

1812.

La guerre contre la Russie avait appelé
l'empereur Napoléon et la grande armée à cinq
cents lieues de la France. Un sénatus-consulte
organisait la garde nationale en trois bancs. Le
premier banc, appelé dans l'intérieur, avait été
placé sous le commandement de vieux officiers,
la plupart républicains, qui avaient fait leur
soumission. Quelques dépôts de régimens formaient la garnison des places fortes, concurremment avec les cohortes. La garde impériale
comptait à peine 5oo hommes de dépôt à Paris;
deux régimens de la garde municipale complétaient les moyens de force du gouvernement au
centre de son action.

L'administration tout entière était déposée
dans les mains du prince archichancelier : il
recevait les ordres du camp impérial, et y fai-

sait parvenir son travail par des auditeurs. Le duc de Rovigo, le conseiller d'état Réal, le général Hullin, étaient les hommes de confiance de l'empereur, et gouvernaient en son nom. On n'avait point encore songé à l'établissement d'une régence en faveur de l'impératrice.

C'est dans cette situation de choses, que le général Mallet commença son étonnante entreprise. Il fallait une tête bien forte et admirablement organisée pour concevoir et exécuter, au commencement de 1812, c'est-à-dire au temps de la grande puissance de l'empire, le gigantesque projet de le renverser.

Le général de brigade Mallet était issu d'une famille noble de Franche-Comté : ancien mousquetaire, puis capitaine de cavalerie, il fut successivement promu, par son patriotisme et son courage, aux grades de chef d'escadron, adjudant-général, enfin général de brigade, sous Championnet, en 1799. Au moment du couronnement de l'empereur, Mallet refusa son serment, et fut rappelé de l'armée. Compris dans une conspiration, mais sans aucune preuve pour le traduire en jugement, il fut renfermé dans une prison d'état. En 1811, il obtint d'être transféré dans une maison de santé de la rue de Charonne; c'est là qu'il traça le premier plan de la conspiration.

Il y avait dans cette maison de santé, détenu en même temps que le général Mallet, l'abbé Lafon, déjà impliqué dans des intrigues en faveur des Bourbons. Le général républicain et l'abbé royaliste se rapprochèrent, et tous deux conçurent, dans une petite chambre de quatre pieds carrés, le projet de renverser le gouvernement immense de Napoléon. La restauration de Louis XVIII devait-elle s'ensuivre? S'agissait-il seulement de briser le colosse impérial, sauf à se démêler ensuite? On verra par les faits que les résultats n'étaient pas bien arrêtés.

Dès le mois d'avril 1812, lorsque la grande armée était sur les bords de la Vistule, le général Mallet et l'abbé Lafon se mirent à l'œuvre. Tous les soirs ils se réunissaient et rédigeaient, de concert, des proclamations, des ordres du jour, des sénatus-consultes. La base de toutes ces mesures était la mort de Napoléon, la déchéance de sa famille, et l'établissement d'un gouvernement provisoire, où figuraient le général Moreau, MM. Mathieu de Montmorency, de Noailles et Frochot. On remarquera que la supposition de la mort de Napoléon fut toujours le prétexte de toutes les tentatives pour modifier le régime de l'empire. Un caporal des régimens de la garde de Paris, nommé Rateau, servait de secrétaire aux deux chefs de la conspiration.

Depuis quinze jours Paris était sans nouvelle de la grande armée de Russie ; les communications paraissaient interrompues ; une certaine inquiétude se manifestait dans l'opinion. Mallet s'aperçut que le moment d'agir était arrivé. Sa proclamation fut rédigée ; elle portait :

« FRANÇAIS,

» L'empereur a cessé d'exister ; l'homme qui entraîna la France dans des guerres sans fin, au profit de son ambition et pour élever sa famille, ne pèse plus sur la patrie de son joug de fer. Aujourd'hui encore il était allé épuiser les finances de l'empire, et verser le sang des Français dans une guerre malheureuse contre la Russie ! Que n'avait-il pas osé contre le peuple, contre le droit de la nation ? Il a envahi tous les pouvoirs, méconnu tous les droits. La patrie, fatiguée de tant d'excès, va reprendre enfin son rang ; elle ne veut plus reconnaître la race de Napoléon. C'est au nom de la liberté que le sénat vient s'adresser à la nation française.

» Le sénat, réuni au nombre de membres prescrits par la constitution de l'an XII, déclare, au nom du peuple français, la déchéance de l'empereur Napoléon et de sa famille; ordonne qu'il sera créé une commission de cinq membres, pour exercer provisoirement tous les pouvoirs du gouvernement. Sont nommés membres de cette commission : le général Moreau, Mathieu de Montmorency, le comte de Noailles, Frochot. » (Le cinquième nom était en blanc.)

C'est un rapprochement bien curieux que la similitude qui existe entre la forme de déchéance adoptée par le sénat, en 1814, contre Napoléon, et le sénatus-consulte rédigé par Lafon et Mallet, deux ans auparavant.

Le sénatus-consulte et la proclamation ne décidaient pas définitivement la forme du gouvernement; il n'appelait pas Louis XVIII, il ne décrétait pas la république. On suivit la même méthode en 1814; un premier sénatus-consulte proclama d'abord la déchéance de Napoléon. C'était habile! il fallait réunir les esprits dans un but commun, sauf à décider ensuite en faveur de qui serait la victoire. On affirma plus tard que le général et l'abbé Lafon étaient convenus de proclamer Louis xviii et la constitution de 91, comme garantie tout à la fois pour les royalistes et les républicains.

Le 12 octobre, à onze heures du soir, Mallet accompagné du caporal Rateau, se rend dans une maison où ils avaient eu soin de faire tenir prêts deux uniformes et deux chevaux; Mallet revêt celui de général de division et Rateau celui d'aide-de-camp, et tous deux se transportent dans le quartier du 2me régiment de la garde de Paris. Le factionnaire crie : qui vive! « Ronde d'officier supérieur; le général commandant la division veut parler au colonel. » On lui indique le logement; il s'y rend; le colonel se réveille en sursaut et demeure tout étonné de voir à cette heure un officier général en grande tenue devant son lit. « Colonel, lui dit Mallet, la nouvelle de la mort de l'empereur est arrivée depuis quelques heures; le sénat est assemblé; il a déclaré déchue la famille impériale. Il a nommé le gouvernement provisoire, et je viens d'en recevoir la lettre de service pour le commandement de la 1re division militaire. Je dois pourvoir à la sûreté de la capitale; votre régiment doit prendre les armes sans bruit, et remplir les dispositions prescrites par le nouveau gouvernement. Le général remit une série de pièces officielles au colonel qui ne résista point à tant de preuves de conviction; il réunit son régiment, et d'après l'ordre de Mallet, se porta au quartier de la 10me cohorte de la garde nationale. Là le chef de bataillon Soulier reconnut également le général, qui, maître d'une force imposante, dirigea des pelotons sur la Poste aux lettres, la Banque, le Trésor, l'Hôtel-de-Ville. Les officiers avaient des instructions cachetées qu'ils devaient ouvrir à huit heures du matin. Mallet se rendit à la Force, y délivra les généraux Guidal et Lahorie, ses camarades de détention ; l'un fût revêtu du titre de préfet de police, l'autre de celui de ministre de la police; ils prirent possession des deux hôtels. MM. Pasquier et le duc de Rovigo furent conduits à la Force; de là, Mallet marcha en toute hâte vers l'hôtel du commandant de la place, comte Hullin.

Le commandant fut réveillé; il était alors sept heures et demie du matin ; Mallet entre précipitamment dans la chambre à coucher. « Général, lui dit-il, j'ai quelque chose d'important à vous communiquer. » Tandis que le commandant s'habillait, Mallet ajoute : « l'empereur est mort ! Je suis chargé par le gouvernement provisoire de vous remplacer. » Le comte Hullin était terrassé, lorsqu'une voix sortant de l'alcôve (c'était celle de Mme Hullin), dit : « Mais mon ami, si Monsieur doit vous remplacer, il doit avoir des ordres. » « En effet, s'écria le commandant, où sont vos ordres, Monsieur? » Le général Hullin s'était levé de sa chaise en prononçant ces mots, et sa stature colossale lui donnait un air menaçant. Mallet, sortant alors un pistolet, le tira à bout portant sur le général, en lui disant : les voici; le comte Hullin tomba la mâchoire fracassée. Mallet sortit en ordonnant de ne laisser communiquer personne de la maison avec le dehors. Il se rendit ensuite dans les bureaux d'état-major, auprès du chef de bataillon Laborde, chargé de la police militaire; il s'assure de sa personne, et le laisse sous la garde de deux hommes; de là, il vint chez l'adjudant-commandant Doucet, chef d'état-major; il avait un paquet à l'adresse de cet officier supérieur; il s'assied à son bureau, et lui fait part des événemens. Mais, pendant ce temps, Laborde s'était échappé par une porte dérobée; il était parvenu dans la chambre de Doucet, auquel il fit quelques signes d'intelligence, sans être aperçu de Mallet; tous deux se précipitent alors sur le général, se saisissent de lui, le désarment et le confient à des gendarmes de planton dans l'hôtel; Laborde sort, harangue la troupe, qui, fort étonnée d'avoir été trompée, passe subitement de l'obéissance qu'elle portait à Mallet, à la plus vive indignation, et conduit à la prison militaire celui qui naguère était à sa tête. Une fois le chef captif, la conspiration fut déjouée. Cependant à l'Hôtel-de-Ville le comte Frochot faisait préparer la salle destinée au gouvernement provisoire ; Guidal dirigeait le ministère de la police, recevait les employés, et Lahorie déjeunait tranquillement à la table du duc de Rovigo. Tandis que ces événemens se passaient, le prince archichancelier dormait dans son hôtel : voici comment il fut prévenu. Le comte Réal de son cabinet de travail, rue du Bac, avait vu un grand mouvement de troupes au ministère de la police; il envoya un de ses valets de pied pour s'informer de ce qui s'y passait; on ne voulut pas le laisser pénétrer. «—Mais c'est de la part du comte Real.—Il n'y a plus ni baron, ni comte, lui répondit-on. » Le comte Réal jugea qu'il se passait quelque chose d'extraordinaire, et courut chez Cambacérès. Jugez de la surprise et de la frayeur du chef du gouvernement, lorsqu'on lui raconta ce qui se passait au ministère de la police. Quelques instans après arriva un rapport, du commandant Laborde, sur les événemens de la nuit. Guidal et Lahorie furent conduits à la Force ; le duc de Rovigo et M. Pasquier délivrés.

Plus le gouvernement avait été surpris, plus il montra de vigueur, une fois la conspiration échouée. Douze individus furent condamnés à mort ; Mallet ne démentit pas un moment son caractère ; il répondit au comte Déjean, sénateur, qui lui demandait où étaient ses complices : « Vous-même, si j'avais réussi. » L'abbé Lafon, d'abord caché, se réfugia à Bordeaux.

La conspiration Mallet montra toute la faiblesse du gouvernement impérial, et à quoi il tenait. Les Bourbons en conçurent des espérances. Mallet avait été déjà compris dans une précédente conjuration sénatoriale ; et, lorsque le bruit de la conspiration se répandit, une réunion de quelques sénateurs eut lieu dans un hôtel, rue d'Anjou, pour aviser aux moyens à prendre dans ces circonstances; il en fut même donné avis au duc d'Otrante, qui habitait Ferrières; c'est alors qu'il fit cette réponse, qui a été jusqu'ici reportée à une autre époque : *Je ne travaille pas en serre-chaude* *.

Au même moment éclatèrent d'autres complots contre le gouvernement impérial ; à Toulon il y eut des exécutions sanglantes, sous prétexte de royalisme, d'espionnage pour les Anglais, et de conjuration républicaine contre Napoléon.

* C'est mal à propos qu'on a prétendu que MM. le duc de Dalberg et de Jaucourt avaient fait partie de cette réunion : ils ne songeaient encore à rien qui pût ressembler à un mouvement contre Napoléon.

LES GÉNÉRAUX MOREAU ET BERNADOTTE.

CAMPAGNE DE 1813.

TEL était l'état de la France dont le 29me bulletin venait encore d'augmenter les alarmes, lorsque Louis XVIII et les agens royalistes insinuèrent aux puissances, et particulièrement à l'Angleterre et à la Russie, de se servir du général Moreau et de Bernadotte, contre le gouvernement de Napoléon. Il y avait longtemps que le parti de Louis XVIII cherchait à diviser ainsi l'armée; déjà en 1811 M. le comte d'Avaray écrivait : « Le roi, partageant la confiance que paraît avoir le marquis de Wellesley dans les talens du général Moreau, serait fort aise qu'il fût appelé par le gouvernement britannique, dont Sa Majesté approuve l'arrière-pensée sur l'Espagne. » Ces arrière-pensées étaient d'opposer Moreau concurremment avec le duc de Wellington, à Suchet, à Jourdan et aux généraux qui commandaient l'armée française en Espagne, et d'employer tout à la fois son talent militaire et son influence sur les officiers et les soldats, vieux débris des victoires républicaines. Ce projet fut ajourné ; mais, après les désastres de Moscou, l'empereur Alexandre, voulant donner à la guerre qu'il portait dans le midi, un caractère de nationalité et de liberté, qui permît à l'Europe de séparer Napoléon de la France, appela Moreau sur le continent. Il lui écrivit :

« M. le général Moreau, connaissant les sentimens qui vous animent, en vous proposant de vous approcher de moi, je me fais un plaisir de vous donner l'assurance formelle que mon unique but est de rendre votre sort aussi satisfaisant que les circonstances pourront le permettre, sans qu'en aucun cas vous soyez exposé à mettre votre conduite en opposition avec vos principes. Soyez persuadé, M. le général Moreau, de toute mon estime, ainsi que de mon affection. ALEXANDRE. »

Ce fut sur les instances de M. Hyde de Neuville, que Moreau consentit à se rendre en Europe. Le but de son voyage n'était pas exactement défini ; les agens des Bourbons voulaient en faire un instrument de restauration ; la pensée de l'empereur Alexandre n'était pas aussi précise. Le théâtre de la guerre pouvait se porter sur le Rhin, et le czar avait besoin d'un général qui pût connaître tout à la fois les localités, pénétrer la tactique de Napoléon, et jeter quelque division dans ses forces. L'esprit mystique de l'empereur Alexandre visait alors moins aux conquêtes territoriales, qu'à justifier ce mensonge de liberté et de nationalité que les puissances mirent en avant pour appeler les populations aux armes.

Arrivé sur le Rhin, Moreau devait publier une proclamation politique : « Français, je n'ai point quitté ma retraite du Nouveau-Monde pour combattre ma patrie, mais dans le dessein de me réunir aux alliés, qui veulent délivrer la France de l'homme qui l'opprime. Je fais donc un appel à tous les vrais patriotes, pour seconder les intentions des puissances. Cinq cent mille hommes vous demandent la paix, et, s'il le faut, l'empereur Alexandre et ses magnanimes alliés porteront ce nombre à un million. Ils ne veulent point de conquêtes, ils assureront à la France ses anciennes limites, qui seront même étendues jusqu'au Rhin. MOREAU. »

Il était difficile d'expliquer comment on arrivait pour délivrer la France *de concert avec ses ennemis.* Toutefois il faut remarquer que dans toute cette proclamation, il n'est parlé que de l'indépendance de la patrie, sans qu'il soit question une seule fois des Bourbons. Est-ce à dire que le général Moreau ne se mêlât pas à cette restauration ? Ceci n'est pas croyable.

Lorsque la nouvelle de la mort de Moreau parvint à Hartwell, M. le duc d'Havré écrivit : « Je regarde la nouvelle de la blessure du général Moreau comme une calamité d'autant plus grande, que sa perte, qui ne saurait être remplacée, est incalculable dans ses suites, surtout d'après l'effet que sa présence a produit sur les armées alliées et sur les troupes de Napoléon. » Dans la solitude d'Hartwell, le général Moreau était considéré comme le successeur de Pichegru.

Bernadotte, vieux général républicain, nourrissait contre Napoléon de profonds ressentimens. Une rupture éclatante l'en avait séparé en 1809, et l'on avait vu, lors de l'expédition de Valcheren, qu'il avait reçu de Fouché le

commandement des gardes nationales. Cette
expédition avait un but politique autant que
militaire. Les méfiances de Napoléon augmen-
tèrent, et c'est à ce moment que Bernadotte
fut adopté par les Etats de Suède comme prince
royal et successeur du roi régnant. Napoléon
vit avec peine cette grande fortune qu'il n'avait
point faite; et toutes les fois que la Suède eut
à traiter avec lui, il la négligea. Le prince royal
avait eu recours à l'empereur Napoléon pour la
restitution de la Finlande, et celui-ci lui avait répondu d'un style moqueur : « Adressez-vous à
l'empereur Alexandre, il est grand et généreux. » Bernadotte avait été outragé dans des
bulletins, dans des actes publics et dans *le Moniteur*. Lors de l'invasion de Russie, en 1812,
Napoléon avait négligé son alliance, et lorsqu'il
apprit qu'un traité de subsides venait d'unir
la Suède à la coalition, il lui adressa une note
violente et maladroite. Bernadotte revenait de
son entrevue d'Abo avec l'empereur Alexandre,
et certaines conventions avaient été arrêtées
secrètement sur la France, dont le czar assurait, dit-on, la couronne au prince royal. A ce
sujet le duc de Bassano adressa une note in-
sidieuse au roi de Suède; elle occasionna une

réponse de Bernadotte ; le prince royal disait « que tant qu'on avait agi directement au nom de Napoléon, il n'avait fait qu'opposer le calme et le silence, mais qu'aujourd'hui la note du duc de Bassano cherchant à jeter entre le roi et lui-même les mêmes brandons de discorde qui facilitèrent l'occupation de l'Espagne, il croyait devoir lui rappeler la conduite franche et loyale de la Suède, même dans les temps les plus difficiles. » Il lui exposait que dès que Napoléon entra en Russie toutes les mesures avaient été prises pour qu'il y restât prisonnier ; qu'il avait échappé à ce danger, mais que la plus valeureuse armée qui fût jamais n'existait plus.... «Qu'à ce tableau déchirant, sire, ajoutait-il, votre âme s'attendrisse, et s'il le faut, pour achever de l'émouvoir, qu'elle se rappelle la mort de plus d'un million de Français restés sur le champ d'honneur, victimes des guerres que Votre Majesté a entreprises. »

Il disait encore que les dispositions des alliés étaient pacifiques, qu'il appartenait à Napoléon de cicatriser les plaies d'une révolution dont il ne restait à la France que le souvenir de sa gloire militaire et des malheurs réels dans son intérieur. Il finissait ainsi : «Je suis né dans cette belle France que vous gouvernez, sire; sa gloire et sa prospérité ne peuvent jamais m'être indifférentes. Mais, sans cesser de faire des vœux pour son bonheur, je défendrai de toutes les facultés de mon âme et les droits du peuple qui m'a appelé, et l'honneur du souverain qui a daigné me nommer son fils. Dans cette lutte entre la liberté et l'oppression, je dirai aux Suédois : « Je combats pour vous et avec vous, et les vœux des nations libres accompagneront nos efforts! »

Ainsi deux généraux républicains, l'un prince royal, l'autre tiré de l'exil, allaient être opposés à l'empereur Napoléon. Au milieu des rangs ennemis ils invoquaient l'indépendance de la patrie et la paix du monde!

Les grandes opérations militaires de Lutzen et Bautzen avaient amené le mensonge du congrès de Prague pour la paix générale. Dans toutes les conférences que provoqua la médiation armée de l'Autriche, il ne fut pas une seule fois question de la colonie d'Hartwell.

Dans les notes publiques ou secrètes du prince de Metternich, même du comte d'Anstett, plénipotentiaire de la Russie, ancien émigré, et de l'ambassadeur de Prusse, on ne parla en aucune manière de Louis XVIII, de ses droits. Il ne s'agit jamais que d'une plus ou moins grande cession de territoire, et de garanties politiques à exiger pour ramener l'équilibre de l'Europe. Une note de M. de Metternich proteste même formellement « contre toutes les intrigues qui pourraient se lier au voyage du général Moreau en Europe. »

La médiation armée de l'Autriche se transforma bientôt en une véritable adhésion à la coalition. Moreau fut frappé devant Dresde, et Bernadotte vainquit à Gros-Beeren. Alors vinrent les désastres de Leipsick, le soulèvement de l'Allemagne, les affiliations des sociétés secrètes et des universités. Patrie! liberté! furent les cris de guerre avec lesquels les alliés se présentèrent sur le Rhin. Chose triste à dire! Lorsqu'on apprit à Hartwell les épouvantables désastres de l'armée française à Leipsick, ce fut une grande joie parmi les serviteurs de Louis XVIII. « Voici une affaire, écrivait le duc d'Havré, dont les conséquences peuvent être majeures. C'est bien le cas de crier vive le roi! Le roi y a été très-sensible. Ah! si les puissances voulaient se rappeler ce cri tout français, en ajoutant au souligné le nom de Louis XVIII, tout serait bientôt terminé; car cette victoire de Leipsick est le coup de cloche de l'agonie de Bonaparte, et un second doit l'achever. » Position difficile d'une race appelée à régner sur la France, et qui se croyait obligée de se réjouir de ces grands désastres qui frappâient nos armées!

Si les émigrés faisaient ainsi reposer leurs espérances sur les succès des alliés, les grandes cours ne tenaient point compte des Bourbons dans leurs négociations pour la paix ou dans les chances de guerre. Lorsque, le 2 décembre 1813, un congrès fut fixé à Manheim, aucune note publique ou secrète des cabinets ne parla du rétablissement de l'ancienne dynastie. Les alliés purent éluder, par des motifs particuliers, les bases proposées par M. de Saint-Agnan pour la paix avec Napoléon. L'empereur Alexandre pouvait prévoir la possibilité d'un changement de gouvernement en France, ce qu'avait indiqué la présence à ses armées de Moreau et de quelques émigrés, et dans son cabinet du baron d'Anstett; mais les alliés n'avaient certainement aucun dessein arrêté sur les Bourbons.

INTÉRIEUR DE L'EMPIRE. LE SÉNAT.

RÉSISTANCE DU CORPS LÉGISLATIF.

DÉCEMBRE 1813.

LE prestige des victoires de Napoléon avait disparu. Pour la seconde fois il arrivait à Paris en fugitif. Il venait demander des ressources nouvelles, des conscriptions, des levées d'argent. Son but était alors de rendre la guerre nationale. L'empereur avait dit au sénat : « Toute l'Europe marchait avec nous il y a un an ; toute l'Europe marche aujourd'hui contre nous. C'est que l'opinion du monde est faite par la France ou par l'Angleterre. Nous aurions donc tout à redouter sans l'énergie et la puissance de la nation. La postérité dira que si de grandes et critiques circonstances se sont présentées, elles n'étaient pas au-dessus de la France et de moi. » Un sénatus-consulte mit 3oo mille conscrits à la disposition de Napoléon.

L'opposition du sénat avait grandi. De sourds mécontentemens se faisaient sentir, même parmi les plus dévoués. Les uns craignaient pour leur existence, les autres sentaient une pudeur secrète de tant d'obséquiosité. Le parti constitutionnel, les sénateurs Lambrechts, Grégoire, Lanjuinais, Boissy-d'Anglas, Destutt de Tracy, voulaient sauver le territoire de l'invasion : mais ils cherchaient à faire profiter la liberté, de tant de sacrifices. M. de Talleyrand, sans prendre encore aucun parti décisif, étudiait les événemens, les voyait venir pour en profiter et les diriger à temps. Quelques assemblées intimes et politiques avaient lieu chez lui ; on y prévoyait un dénouement, mais sans le préciser encore. Une autre réunion à laquelle M. de Caulaincourt n'était pas étranger, songeait à la régence de Marie-Louise, comme un moyen d'arriver à la paix. Au reste, la majorité du sénat restait avec toute sa servilité. Elle aurait voté, au bruit des phrases sonores de M. de Fontanes, que l'empereur avait sauvé la France à Moscou et délivré la patrie à Leipsick.

Le corps législatif avait vu se former une opposition plus saillante et plus vive. Sur plusieurs projets de loi, presque un tiers de boules noires avait constaté une résistance forte à l'arbitraire de Napoléon. Par le renouvellement des séries, le parti constitutionnel avait encore grandi. Il était entré dans le corps législatif plus de cinquante membres nouveaux qui s'associaient à l'ancienne opposition, et parmi lesquels on comptait MM. Lainé, Maine de Biran, Flaugergues, Raynouard, Gallois, dont les opinions se rattachaient aux grands principes de la liberté. Quelques uns d'entre eux, et particulièrement M. Lainé, avaient été, dit-on, travaillés par les émissaires des Bourbons; tous prévoyaient la possibilité d'un changement, avec ou sans la dynastie impériale, qui pourrait profiter à la liberté publique.

Napoléon avait un mépris affecté pour toutes les théories libérales : c'était une manie chez lui de confondre toute résistance rationnelle des corps constitués, avec la sédition et l'anarchie. Après la retraite de Moscou, ses premières paroles au conseil d'Etat avaient été de vives déclamations contre l'idéologie politique. C'est ainsi qu'il désignait tous les principes constitutionnels, le gouvernement représentatif, en un mot.

Depuis la conspiration de Mallet, surtout,

où personne n'avait pensé à l'hérédité du trône impérial et au roi de Rome, les organes du gouvernement, les adresses des villes, la presse ne cessaient de parler des droits sacrés de la couronne, du cri de nos pères, *le roi est mort, vive le roi!* C'était une guerre violente et puérile contre toutes les idées de liberté. Napoléon était alors préoccupé de toute sa haine contre les constitutionnels, et il ne voyait pas qu'en rappelant tous les souvenirs de la vieille monarchie, il creusait le tombeau de sa propre race.

Un acte arbitraire blessa profondément le corps législatif; ce fut la présidence inconstitutionnelle de M. le duc de Massa. Le comte Molé, qui avait pris le ministère de la justice en 1813, fut chargé de présenter un projet de sénatus-consulte qui laissait à l'empereur le choix direct du président du corps législatif : il était fondé sur les plus frivoles prétextes. « Jusques ici, disait le ministre, Sa Majesté a choisi entre les cinq candidats que le corps législatif lui avait présentés.

» Mais il peut arriver que les hommes portés sur cette liste, quelque honorables et distingués qu'ils soient par leurs lumières, n'aient jamais été connus de l'empereur.

» Il est d'ailleurs dans le palais *des étiquet-tes*, des formes qu'il est convenable de connaître, et qui, faute d'être bien connues, peuvent donner lieu à des méprises, à des lenteurs que les corps interprètent toujours mal. Tout cela est évité par la mesure que nous proposons. »

Les véritables motifs de Napoléon étaient de se réserver une sorte de direction morale du corps législatif, d'établir, par un président dévoué, une surveillance de police et d'ordre. La présidence du duc de Massa fut considérée comme un acte attentatoire à la constitution.

L'empereur avait besoin de toutes les ressources nationales et du concours de tous les efforts. Aussi s'était-il arrêté à une résolution sur laquelle il comptait beaucoup pour convaincre qu'il voulait la paix, et que la guerre qu'on allait entreprendre était commandée par la légitime défense du territoire contre une invasion. En ouvrant la session du 19 décembre, l'empereur avait dit : « J'avais conçu et exécuté de grands desseins pour la prospérité et le bonheur du monde!... Monarque et père, je sens ce que la paix ajoute à la sécurité des trônes et à celle des familles. Des négociations ont été entamées avec les puissances coalisées. J'ai adhéré aux bases préliminaires qu'elles ont présentées. J'avais donc l'espoir qu'avant l'ouverture de cette session, le congrès de Manheim serait réuni. Mais de nouveaux retards, qui ne sont pas attribués à la France, ont différé ce moment que presse le vœu du monde.

» J'ai ordonné qu'on vous communiquât toutes les pièces originales qui se trouvent au portefeuille de mon département des affaires étrangères. Vous en prendrez connaissance par l'intermédiaire d'une commission. Les orateurs de mon conseil vous feront connaître ma volonté sur cet objet. »

En conséquence de cette déclaration, M. le conseiller d'Etat Regnault de Saint-Jean-d'Angely lut le décret suivant : « 1° Le corps législatif nommera une commission extraordinaire de cinq membres;

» 2° Chaque membre sera nommé par un scrutin séparé et à la majorité absolue des voix;

» 3° Le président du corps législatif sera de droit membre de la commission, indépendamment des membres élus au scrutin;

» 4° Lorsque la nomination de la commission sera terminée, le président du corps législatif nous le fera connaître par un message. »

Un semblable décret fut lu au sénat; les deux
grands corps constitutionnels se réunirent
pour choisir une commission. Le sénat désigna
comme membres de cette commission, MM. de
Fontanes, Talleyrand, Saint-Marsan, Barbé-
Marbois, Beurnonville. Parmi ces noms, ceux
de MM. Talleyrand et Beurnonville étaient,
par des motifs différens, hostiles au gouvernement impérial. Toutefois ils procédèrent avec
une obséquiosité remarquable à l'examen des
pièces diplomatiques au ministère des affaires
étrangères. Elles leur furent communiquées par
le conseiller d'Etat d'Hauterive. M. de Fontanes
fut chargé du rapport au sénat. Après avoir énu-
méré les longues tentatives de négociations, il
concluait que l'empereur voulait la paix; mais
que pour l'obtenir, la nation devait présenter un
immense déploiement de forces. « Le moment
est décisif. Les étrangers tiennent un langage
pacifique; mais quelques unes de nos frontières
sont envahies, et la guerre est à nos portes.
Trente-six millions d'hommes ne peuvent trahir
leur gloire et leur destinée... Ainsi donc, en in-

voquant la paix, que les préparatifs militaires soient partout accélérés et soutiennent la négociation. Rallions-nous autour de ce diadème où l'éclat de cinquante victoires brille à travers un nuage passager. La fortune ne manque pas long-temps aux nations qui ne se manquent pas à elles-mêmes. »

Il n'y avait, dans ce langage gravement adulateur, aucun symptôme qui pût faire soupçonner qu'une opposition vive et dangereuse viendrait du sénat. Le corps législatif, au contraire, se prononça avec énergie. Une commission fut nommée. Elle avait été précisément choisie parmi la fraction constitutionnelle, renforcée par l'élection de la dernière série. C'étaient MM. Lainé, Flaugergues, Raynouard, Gallois, Maine de Biran; la majorité fut immense. On avait écarté avec affectation tous les membres du corps législatif fonctionnaires. Aucun de la fraction impériale n'avait été porté. Les commissaires se rendirent chez M. le duc de Vicence, ministre des relations extérieures, et des discussions s'établirent sur le but de la guerre et sur les conditions nécessaires pour la nationaliser. MM. Raynouard et Lainé, avec une grande vivacité d'expressions, demandèrent, en échange des sacrifices imposés à la nation, que les bases fondamentales des libertés publiques fussent posées. M. Raynouard, qui avait montré beaucoup d'énergie, fut chargé du rapport. Mais on pensa que la parole de M. Lainé produirait plus d'effet sur l'assemblée, et il eut mission de rédiger et de lire ce rapport. Ce document important fut présenté en comité secret le 28 décembre. M. Lainé exposa d'abord la série des négociations suivies jusqu'en 1813 avec les puissances alliées. Il dit que si les déclarations des nations étrangères étaient fallacieuses, que si elles voulaient nous asservir, ou méditaient le déchirement du territoire sacré de la France, il fallait rendre la guerre nationale. Il ajouta : « Lorsque Sa Majesté aura ainsi, en son nom et en celui de la France, répondu à la déclaration des alliés, on verra, d'une part, des puissances qui protestent qu'elles ne veulent pas s'approprier un territoire par eux reconnu nécessaire à l'équilibre de l'Europe ; de l'autre, un monarque qui se déclarera animé de la seule volonté de défendre ce même territoire.

» ..... Il paraît donc indispensable à votre commission, qu'en même temps que le gouvernement proposera les mesures les plus promptes pour la sûreté de l'état, Sa Majesté soit suppliée de maintenir l'entière et constante exécution des lois qui garantissent aux Français les droits de la liberté, de la sûreté de la propriété, et à la nation le libre exercice de ses droits politiques.

» .... Si la première pensée de Sa Majesté en de grandes circonstances a été d'appeler autour du trône les députés de la nation, leur premier devoir n'est-il pas de répondre dignement à cette convocation, en portant au monarque la vérité et le vœu des peuples pour la paix? »

Le rapport de M. Lainé fut écouté en silence. Un grand nombre de députés demandèrent ensuite la parole, et en votèrent l'adoption. Il partit de quelques endroits de la salle un murmure désapprobateur; plusieurs voix se firent entendre pour dénoncer la majorité comme bourbonnienne et composée d'anciens soldats de Condé. La minorité renouvela une de ces scènes du sénat romain, et, comme les délateurs antiques, on voyait des députés sortir de la salle, et transmettre au cabinet de l'empereur les résultats de la séance. Cette discussion se prolongea, et fut renvoyée au 3o, où le rapport obtint une majorité de 203 votes contre 51.

C'était la première fois, depuis l'opposition timide du tribunat consulaire, qu'on entendait une assemblée politique contrarier les desseins de l'empereur et lui parler de liberté. La chambre ordonna l'impression du rapport au nombre de six exemplaires pour chacun de ses membres. Mais Napoléon ne connut pas plus tôt les résultats de la séance qu'il fit arrêter l'impression; les épreuves furent détruites, les exemplaires saisis; il ne voulut pas recevoir d'adresse, et le 31 décembre, parut un décret qui ajourna le corps législatif, sous prétexte de laisser compléter ses séries.

Le lendemain 1er janvier, à la réception des Tuileries, Napoléon s'emporta dans une allocution violente contre le corps législatif. C'était plus qu'une maladresse, et ses paroles nobles ou pittoresques n'atténuèrent point le triste effet de cette scène de colère.

« MESSIEURS,

» Vous pouviez faire beaucoup de bien, et vous n'avez fait que du mal.

» Les onze douzièmes d'entre vous sont bons : les autres sont des factieux.

» Qu'espériez-vous en vous mettant en opposition ? Vous saisir du pouvoir ? Mais quels étaient vos moyens ? Etes-vous représentans du peuple ? Je le suis moi ; quatre fois j'ai été appelé par la nation, et quatre fois j'ai eu les votes de cinq millions de citoyens pour moi. J'ai un titre, et vous n'en avez pas. Vous n'êtes que les députés des départemens de l'empire.

» Votre commission a été conduite par l'esprit de la Gironde et d'Auteuil. M. Lainé est un conspirateur, un agent de l'Angleterre, avec laquelle il est en correspondance par l'intermédiaire de l'avocat de Sèze. Les autres sont des factieux.

» Je suivrai de l'œil M. Lainé ; c'est un méchant homme.

» Votre rapport est rédigé avec une astuce et des intentions perfides dont vous ne vous doutez pas. Deux batailles perdues en Champagne eussent fait moins de mal.

» J'ai sacrifié mes passions, mon orgueil, mon ambition au profit de la France. Je m'attendais que vous m'en sauriez quelque gré, et lorsque j'étais disposé à faire tous les sacrifices, j'espérais que vous m'engageriez à ne pas faire ceux qui ne seraient point compatibles avec l'honneur de la nation. Loin de là, vous, dans votre rapport, vous avez mis l'ironie la plus sanglante à côté des reproches ! Vous dites que l'adversité m'a donné des conseils salutaires. Comment pouvez-vous me reprocher mes malheurs? Je les ai supportés avec honneur, parce que j'ai reçu de la nature un caractère fort et fier, et si je n'avais pas cette fierté dans l'âme, je ne me serais pas élevé au premier trône de l'univers.

» Cependant j'avais besoin de consolations, et je les attendais de vous. Vous avez voulu me couvrir de boue ; mais je suis de ces hommes qu'on tue, mais qu'on ne déshonore pas.

» Etait-ce par de pareils reproches que vous prétendiez relever l'éclat du trône? Qu'est-ce le trône, au reste? Quatre morceaux de bois doré, revêtus d'un morceau de velours ? Le trône est dans la nation ; on ne peut me séparer d'elle sans lui nuire, car la nation a plus besoin de moi que je n'ai besoin d'elle. Que ferait-elle sans guide et sans chef?

» Lorsqu'il s'agit de repousser l'ennemi, vous demandez des institutions, comme si nous n'avions pas d'institutions ! N'êtes-vous pas contens de la constitution ; il y a quatre ans qu'il fallait en demander une autre, ou attendre deux ans après la paix, pour faire cette demande. Vous voulez donc imiter l'assemblée constituante, et recommencer une révolution ? Mais je n'imiterai pas le roi qui existait alors ; j'abandonnerais le trône, et j'aimerais mieux faire partie du peuple souverain que d'être roi esclave. »

Quelques jours après, l'empereur prit la dictature. Un simple décret impérial doubla toutes les contributions. Des levées en masse furent ordonnées par des actes du cabinet.

En ces circonstances, la garde nationale parisienne reçut sa dernière organisation. Elle était destinée à jouer un grand rôle dans la restauration. Tout gouvernement populaire trouve une force dans une milice citoyenne. S'il cesse de l'être, il doit périr par elle, et c'est pourquoi son instinct le porte à la supprimer. Napoléon, en rétablissant la garde nationale, s'efforça d'en paralyser l'action par le choix des officiers, qu'il s'était exclusivement réservé : tous les chefs des légions furent pris parmi les hommes les plus dévoués au régime impérial. Les chambellans, les conseillers d'état, MM. de Montesquiou, Regnault de Saint-Jean-d'Angely, duc de Cadore, Choiseul-Praslin, reçurent des commandemens. L'empereur compta sur eux pour lui répondre de la garde nationale.

Les royalistes, à leur tour, s'y firent enrôler. MM. de Fitz-James, Sosthène La Rochefoucauld, etc. entrèrent dans les rangs. Ils savaient que tôt ou tard cette garde serait appelée à se prononcer, et que son opinion aurait une influence sur la fin du drame qui se préparait, soit que le dénouement vînt d'un mouvement intérieur, soit que les alliés y missent un terme par l'occupation de Paris. Le cri public était alors *la paix*; l'opposition des salons, fortifiée par les manœuvres des mécontens, n'eut plus que ce refrain. Elle fut si forte, cette opinion, que le gouvernement impérial ne s'occupa plus, dans ses journaux, qu'à prouver que Napoléon avait fait tous ses efforts pour avoir la paix, et que les alliés seuls ne l'avaient point voulue.

CAMPAGNE DE 1814.

CONGRÈS DE CHATILLON.

5 FÉVRIER AU 10 MARS 1814.

Les armées alliées passaient le Rhin. En mettant le pied sur le territoire français, comme si elles avaient eu quelque effroi de toucher cette terre de victoire qui, depuis vingt ans, donnait des lois à la moitié de l'Europe, elles crurent devoir proclamer leurs intentions. Les puissances se rappelaient le mauvais effet du manifeste du duc de Brunswick ; elles disaient donc : « que les alliés ne faisaient point la guerre à la France, mais à cette prépondérance hautement annoncée, que, pour le malheur de l'Europe et de la France, l'empereur Napoléon exerçait hors des limites de son empire ;

» Que les souverains coalisés étaient unanimement d'accord sur la puissance que la France devait conserver dans son intégrité, et en se renfermant dans ses limites naturelles, qui sont le Rhin, les Alpes et les Pyrénées;

» Que le principe de l'indépendance de l'Allemagne était une condition *sine quá non* : qu'ainsi la France devait renoncer, non pas à l'influence qu'un grand état exerce sur un état de force inférieure, mais à toute souveraineté sur l'Allemagne;

» Que, du côté des Pyrénées, l'indépendance de l'Espagne et le rétablissement de l'ancienne dynastie étaient encore une condition *sine quá non;*

» Qu'en Italie, l'Autriche devait avoir une frontière qui serait l'objet d'une négociation;

» Que le Piémont offrait plusieurs lignes que l'on pourrait discuter;

» Que de même, l'état de la Hollande serait un objet de négociation, et partant toujours du principe qu'elle devait être indépendante;

» Que l'Angleterre était prête à faire les plus grands sacrifices pour la paix, fondée sur ces bases, et à reconnaître la liberté de commerce et de la navigation à laquelle la France avait droit de prétendre. »

Les proclamations du feld-maréchal Blucher et du prince Schwartzemberg étaient conçues dans le même sens. M. de Caulaincourt avait tardivement adhéré au nom de Napoléon à ces bases posées par les alliés; il avait alors vainement demandé la réunion du congrès fixé à Manheim; le prince de Metternich lui répondit le 10 décembre, qu'avant d'ouvrir les conférences, il fallait qu'il s'entendît avec ses alliés; ce n'était là qu'un prétexte de retard; il est aujourd'hui certain que lord Aberdeen, le baron de Humboldt, étaient auprès du prince de Metternich, lors de la réception des dépêches du duc de Vicence. Toutefois après leur entrée en France, les alliés consentirent à la réunion d'un nouveau congrès à Châtillon-sur-Seine.

Les plénipotentiaires étaient, pour la Russie, le comte Rasoumoffski; pour la Prusse, le baron de Humboldt; pour l'Autriche, le comte de Stadion; pour l'Angleterre, les lords Aberdeen, Cathcart, Stewart et Castelreagh. M. de Caulaincourt y représentait la France. Les conditions offertes par le plénipotentiaire français à Châtillon furent les mêmes que celles qui avaient été admises par les cours alliées, lors de la négociation de M. de Saint-Agnan, les limites naturelles; mais les progrès des alliés en France en firent modifier les bases; elles furent ainsi posées, le 17 février, par les quatre grandes cours.

« L'empereur des Français renoncera à la totalité des acquisitions faites par la France depuis 1792, et à toute influence constitutionnelle hors de ses limites. Il remettra dans de très-brefs délais et sans exception les forteresses des pays cédés, et toutes celles encore occupées par ses troupes seront remises dans l'état où elles se trouvent avec leur artillerie, munitions, etc. Les places de Besançon, Béfort, Huningue seront confiées aux armées alliées également sans délai et à titre de dépôt, jusqu'à la ratification de la paix définitive *. »

Napoléon venait de vaincre à Champaubert, à Montmirail, à Vauchamp, lorsque ces nouvelles bases lui furent proposées, il s'écria : « Ah ! c'est par trop exiger; les alliés oublient que je suis

---

* Une autre note exigea l'occupation par les alliés, pendant cinq années, des places de Strasbourg, Lille et Valenciennes.

plus près de Munich qu'ils ne le sont de Paris. »
Ce n'était là qu'une de ces phrases à effet dans
les jours de prospérité ; mais alors elles se perdaient au milieu des populations qui ne croyaient
plus aux miracles de leur empereur depuis que
l'ennemi avait envahi le territoire. M. de Caulaincourt fut cependant chargé de propositions
nouvelles : « La France devait être restreinte
dans ses anciennes limites, augmentée de la
Savoie et de l'île d'Elbe ; Napoléon demandait
que la couronne d'Italie fût conservée au
prince Eugène, dont le royaume aurait l'Adige
pour frontière du côté de l'Autriche. »

Dans cet intervalle, le traité de Chaumont
avait été conclu le 1ᵉʳ mars ; et les quatre
grandes cours alliées arrêtaient : « que dans le
cas où Napoléon refuserait la paix sur les bases
qui lui avaient été proposées le 17 février, elles
s'engageaient, savoir : la Russie, l'Autriche et
la Prusse à tenir chacune, en campagne active,
150,000 hommes au complet, et l'Angleterre à
fournir un subside annuel de 120 millions.
Des articles secrets posaient une répartition du
territoire européen, qui servit plus tard de
base au traité de Paris et au congrès de
Vienne. »

Aussi, fut-il répondu aux propositions de M. de Caulaincourt : « Que le contre-projet ne s'éloignait pas seulement des bases de paix proposées par les puissances, mais qu'il était encore entièrement opposé à son esprit, et ne remplissait aucune des conditions qui avaient été posées lors des négociations de Châtillon. »

Dans ces négociations du congrès, personne n'avait été de bonne foi ; le traité de Chaumont montrait le désir des alliés de poursuivre la guerre avec vigueur et les propositions, à tout moment modifiées, les contre-projets de Napoléon, ses incertitudes témoignaient également qu'il n'avait pas un désir bien sincère de la paix ; toutefois l'inflexible histoire doit dire que Napoléon accepta au dernier moment les conditions du congrès. J'ai eu sous les yeux les instructions officielles ; il y a eu donc erreur à soutenir que l'empereur n'aurait jamais consenti à subir les anciennes limites. M. de Caulaincourt le proposa en son nom.

Tandis que ces négociations ostensibles se poursuivaient à Châtillon, deux intrigues parallèles s'y donnaient la main et balançaient l'influence des propositions officielles de l'empereur. Dès l'instant que les alliés avaient séparé la nation française de son chef, M. de Talleyrand et ses amis songèrent à profiter de cette circonstance pour faire sortir de la crise un autre gouvernement que la dictature organisée de Napoléon. M. de Talleyrand avait conservé de nombreuses relations diplomatiques ; de hautes amitiés rendaient hommage à ses talens et avaient su lui tenir compte de son opposition aux gigantesques projets de l'empereur des Français. Il engagea des négociations directes avec le congrès de Châtillon, et plus directement encore avec le prince de Metternich et M. de Nesselrode. Ces négociations comprenaient-elles la famille des Bourbons comme condition essentielle ou seulement comme l'expression d'un vœu ? Les documens politiques que j'ai sous les yeux disent qu'on posait tous les *cas éventuels* que pouvait amener la déchéance de Napoléon. Ainsi le cas de la régence de Marie-Louise, la monarchie avec un prince nouveau choisi par la nation, et enfin la maison de Bourbon, si l'Europe voyait dans cette dynastie une plus forte garantie de ses intérêts et de sa stabilité. Il n'est pas bien certain non plus que M. de Caulaincourt n'eût pas déjà fait aussi quelques ouvertures à l'empereur Alexandre sur la régence de Marie-Louise.

L'intrigue parallèle était purement bourbonnienne ; elle se poursuivait par M. Arnaud de Vitrolles, homme actif, qui avait reçu en secret de M. Talleyrand l'autorisation de pressentir les alliés sur le rétablissement des Bourbons. M. de Vitrolles outrepassa ses pouvoirs : gagné par les royalistes ou entraîné par ses sentimens, il négocia et plaida exclusivement pour la Restauration, tandis qu'il avait mission de ne poser ce cas que comme une éventualité ; quant à M. de Talleyrand, il menait de front ces négociations diverses. Il était l'homme de tous les systèmes sans se prendre de passion pour une idée, et s'exposer ainsi à tomber avec elle. M. de Vitrolles trouva peu d'accueil à ses projets. J'ai lu et tenu un document dans lequel le négociateur se plaint de la froideur des alliés pour la maison de Bourbon et pour le principe de la légitimité. Il expose que les cabinets sont sans préférence pour aucun système, pourvu que la France ne soit plus à craindre, et que même l'Autriche paraît très-disposée à traiter avec Napoléon ou avec une régence.

1813 — 1814.

APRÈS le désastre de Moscou, les exilés d'Hart-well avaient vivement repris l'espoir de ressaisir la couronne. Louis XVIII avait fait une démarche noble et habile auprès de l'empereur de Russie, parce qu'elle était tout à la fois un acte d'humanité et un moyen de rappeler qu'il existait un roi de France. Il lui avait écrit pour le prier de prendre soin des prisonniers français.. « Le sort des armes a fait tomber dans les mains de Votre Majesté Impériale plus de 150,000 prisonniers, Français pour la plupart. Peu importe sous quels drapeaux ils ont servi ; ils sont malheureux ; je ne vois parmi eux que mes enfans. Je les recommande à la bonté de Votre Majesté Impériale ; qu'elle daigne adoucir la rigueur de leur sort et considérer combien un grand nombre d'entre eux ont déjà souffert! Puissent-ils apprendre que leur vainqueur est l'ami de leur père! Votre Majesté ne peut donner une preuve plus touchante de ses sentimens pour moi. »

Louis XVIII, en rappelant dans ses sollicitations bienfaisantes ses titres auprès du puissant monarque du Nord, se réservait ainsi la faculté de les réclamer en temps et lieu. Pendant la campagne de 1813, la colonie d'Hartwell se tint paisible; elle épiait les derniers désastres de Leipsick pour commencer ses tentatives sur le continent.

Au moment où les alliés touchaient le territoire de France, une déclaration fut promulguée, dans laquelle Louis XVIII appelait le sénat à opérer à lui seul le renversement de la tyrannie de Bonaparte et la restauration de la maison de Bourbon. De plus, M. de Blacas remit à plusieurs agens, des écrits avec les noms en blanc, et qui étaient ainsi conçus :

« Le roi, ne voulant négliger aucune occasion de faire connaître à ses sujets les sentimens dont il est animé, me charge de donner en son nom à N........ toutes les assurances qu'il peut désirer. Sa Majesté sait tout ce que N...... peut faire pour son pays, non seulement en contribuant à le délivrer du joug qui l'opprime, mais en secondant un jour de ses lumières l'autorité destinée à réparer tant de maux. Les promesses du roi ne sont au reste que la suite des engagemens qu'il a pris à la face de l'Europe, et qui ne tendent qu'à oublier les erreurs, récompenser les services, étouffer les ressentimens, légitimer les rangs, consolider les fortunes, à n'occasionner, en un mot, que la paisible transition des calamités et des alarmes présentes au bonheur et à la sécurité à venir.

» Hartwell, 1er décembre 1813.

» Signé comte BLACAS D'AULPS. »

Il y avait dans le chef de la maison de Bourbon un esprit de suite, une grande habileté pour saisir les circonstances et préparer la fortune. Cette protection, accordée à tous les rangs de fonctionnaires, fut d'un très-bon effet; elle saisissait les hommes par le point sensible : les honneurs et les intérêts. On en vit le résultat au 30 mars 1814. Une question restait à résoudre. Les princes de la maison de Bourbon auraient-ils l'autorisation d'aller sur le continent pour prendre part aux opérations des armées coalisées ? De hautes démarches furent faites à Londres. Enfin, après bien des sollicitations, on convint que les princes pourraient se rendre aux armées, mais sans autre titre que celui de volontaires. Les cabinets voulaient avant tout se réserver les moyens de traiter avec la France, sans la condition d'imposer la maison de Bourbon, si elle n'était pas demandée. Pour obtenir cette autorisation, les princes firent valoir l'existence d'un comité royaliste à l'intérieur et d'un parti qui pouvait soutenir la coalition et diviser les forces de l'usurpateur. D'ailleurs la cause des Bourbons était rien moins que populaire à Londres; quels que pussent être les sentimens personnels du prince régent pour Louis xviii, un ministre n'eût point voulu compromettre sa responsabilité, en liant trop intimement la cause de la nation anglaise, au sort des Bourbons.

Le duc d'Angoulême s'embarqua le premier et vogua vers l'Espagne, pour joindre l'armée du duc de Wellington, alors aux Pyrénées. Monsieur, comte d'Artois, aborda le 2 février en Hollande. Son Altesse Royale se dirigea vers le quartier-général des alliés par la route de la Suisse, et rejoignit l'arrière-garde à Vesoul. Le duc de Berri vint à Jersey pour seconder un mouvement qui, disait-on, se préparait en Normandie et dans la Vendée. Jamais pourtant ces pays n'avaient été plus tranquilles; on était alors trompé à Hartwell par les rapports de l'agent de la police impériale, Perlet, en qui M. de Blacas avait une grande confiance.

Ce qu'il y a de certain, c'est que les alliés ne prirent aucun engagement avec la maison de Bourbon; aussi, quoique généreusement accueillis au quartier-général, les princes n'obtinrent qu'une ou deux proclamations de Blucher qui parlaient des *princes légitimes*. Il leur fut déclaré que leur présence aux armées n'empêcherait aucune des négociations qui pourraient s'engager avec l'empereur Napoléon et le gouvernement de France. Cette condition fut même spécialement et secrètement stipulée dans le traité de Chaumont, sur la demande de l'Autriche.

L'Angleterre, qui avait toujours paru s'occuper plus particulièrement des Bourbons, n'y mit aucun obstacle. On verrra même que le duc de Wellington pria le duc d'Angoulême de se tenir à l'arrière-garde, et de ne pas compromettre par sa présence les intérêts de la coalition et les négociations engagées à Châtillon.

11 FÉVRIER 1814.

A mesure que les alliés s'avançaient en France, le faible parti des Bourbons cherchait à réveiller les souvenirs de la vieille dynastie. Les armées combinées avaient pénétré jusqu'au cœur de l'empire, aucun cri pour Louis XVIII ne s'était encore fait entendre. La résistance était plus ou moins vive; le gouvernement de Napoléon avait partout assoupli les opinions; et la pensée de la royauté des Bourbons était tout-à-fait étrangère à la génération qui s'élevait.

A Troyes cependant, deux royalistes, le marquis de Widranges et M. de Gouault, anciens émigrés, firent une tentative auprès des alliés. L'empereur de Russie et le roi de Prusse avaient fait leur entrée à Troyes. Le marquis de Widranges, animé des plus vifs sentimens de royalisme, se rend chez le prince héréditaire de Wurtemberg, et le prie de lui donner quelques renseignemens sur les intentions futures des alliés, par rapport à la nation française et aux Bourbons. Le prince élude d'abord la question ; M. de Widranges insiste. « Eh bien ! monsieur, lui dit le prince héréditaire, comment nous prononcerions-nous pour les Bourbons? dans aucune des villes que nous avons traversées il n'en a été dit un mot. Les puissances coalisées ont adopté un principe invariable, c'est de ne prendre aucune initiative dans le choix du souverain en France. Si vous croyez que les Bourbons aient des partisans à Troyes, donnez l'impulsion, et cela sera d'un bon effet sur l'empereur Alexandre. » Le marquis répondit qu'il ne pouvait être sûr d'un mouvement. Le prince le congédia avec politesse, mais sans prendre avec lui d'engagemens d'aucune espèce.

Les deux émigrés ne perdirent pas courage, et s'adressèrent au comte Rochechouart, officier d'état-major de l'armée russe, et à l'adjudant Rapatel, ancien aide de camp de Moreau, et alors en cette qualité auprès de l'empereur de Russie. Le comte Rochechouart dit au marquis : « Il est temps de se prononcer : dans plusieurs villes, dans plusieurs châteaux, les chevaliers de Saint-Louis ont repris leurs croix, et le peuple, dans plusieurs cantons, arbore la cocarde blanche. »

Aussitôt MM. de Widranges et Gouault attachent à leur boutonnière la croix de Saint-Louis, et parcourent les rues avec la cocarde blanche et tous les signes de l'ancien régime. Un comité se forme, on rédige une pétition, et, par l'entremise du général Barclay de Tolly, les royalistes obtiennent une audience de l'empereur Alexandre.

Le 11 février, environ vers midi, une députation, composée de MM. Gouault, Richemont, de Montaigu, Mangin de Salabert, Guelon, Delacour Bureau, Picard, docteur-médecin, se rend chez l'empereur Alexandre, et là le marquis de Widranges lui adresse ainsi la parole : « Sire, organes de la plupart des *honnêtes gens* de la ville de Troyes, nous venons mettre aux genoux de Votre Majesté Impériale l'hommage de leur plus humble respect, et la supplier d'agréer le vœu que nous formons tous pour le rétablissement de la maison royale de Bourbon sur le trône de France. — Messieurs, répondit Alexandre, je vous vois avec plaisir; je vous sais gré de votre démarche, mais je la crois un peu prématurée; les chances de la

guerre sont incertaines ; je serais fâché de voir
des braves tels que vous compromis ou sacrifiés.
Nous ne venons pas pour donner nous-mêmes
un roi à la France ; nous voulons connaître
ses intentions, et c'est à elle à se prononcer.
—Mais tant qu'elle sera sous le *couteau*, répliqua l'ardent marquis, elle n'osera se prononcer
en faveur des souverains légitimes. Non, jamais,
tant que Bonaparte aura l'autorité en France,
jamais l'Europe ne sera tranquille. —C'est pour
cela, répondit le czar, qu'il faut le battre, le
battre, le battre ! »

L'empereur Alexandre avait ainsi éludé la
question de la restauration ; il changea même
tout à coup de conversation, et entretint les
députés de l'état des hôpitaux, des malades, et
des intérêts de la ville. Le marquis de Widranges,
peu satisfait de la froideur des alliés pour les
Bourbons, se rendit auprès de M. le comte
d'Artois à Bâle, et lui exposa l'état des esprits
et la réponse du czar. M. de Gouault rentra
dans Troyes.

L'empereur de Russie semblait avoir prévu
les événemens. Les merveilleuses victoires de
Napoléon ramenèrent l'armée française à Troyes,
et c'est là qu'il apprit les tentatives des royalistes

en faveur de la maison de Bourbon. « Il y a, dit Napoléon à un commissaire de police, cinq personnes qui ont porté la croix de Saint-Louis. — Votre Majesté est mal informée, il n'y en a que deux. — Quelles sont-elles? — Ce sont MM. de Widranges et de Gouault. — Quelle est leur moralité? Je n'en ai jamais entendu dire que du bien. — Qu'on les arrête. » M. de Widranges était absent. M. de Gouault fut seul pris, et traduit devant une commission militaire. Il fut condamné à mort et passé par les armes, avec cet écriteau sur la poitrine : *Traître à sa patrie!*

Le lendemain parut le décret suivant :

« Il sera dressé une liste des Français qui, étant au service des puissances coalisées, ont accompagné les armées ennemies dans l'invasion du territoire de l'empire, depuis le 20 décembre 1813. Ils seront jugés, condamnés aux peines portées par les lois, et leurs biens confisqués au profit du domaine de l'Etat, conformément aux lois existantes.

» Tout Français qui aura porté les signes ou les décorations de l'ancienne dynastie, sera déclaré traître, et comme tel, jugé par une commission militaire et condamné à mort. Ses biens seront confisqués au profit du domaine de l'Etat. »

Ainsi les premières tentatives pour la restauration, en 1814, amenèrent une triste exécution militaire. Cependant ces décrets violens de l'empereur Napoléon produisirent l'effet contraire qu'il se proposait; ils réveillèrent des souvenirs presque éteints: ils firent penser aux Bourbons, aux couleurs et aux décorations de l'ancienne dynastie; ils créèrent ainsi un danger nouveau pour la famille de Napoléon; d'ailleurs, si la violence est fatale même à un pouvoir fort, elle est mortelle pour une autorité affaiblie: pendant que *le Moniteur* publiait le jugement et l'exécution du marquis de Gouault, le 12 mars éclatait à Bordeaux.

LE 12 MARS A BORDEAUX.

1814.

M. le duc d'Angoulême avait joint le quartier-général du duc de Wellington à Saint-Jean-de-Luz. Ainsi qu'on l'a dit, le commandant en chef de l'armée anglaise lui avait signifié qu'il eût à se retirer sur les derrières, afin de ne pas compromettre les négociations entamées à Châtillon. Le comte Etienne de Damas, le comte d'Escars et le duc de Guiche, qui avaient suivi S. A. R., n'avaient pas pu prendre rang dans l'armée anglo-espagnole. Quelques jours après son arrivée, le duc d'Angoulême avait adressé aux soldats du duc de Dalmatie la proclamation suivante : « Soldats ! j'arrive, je suis en France, dans cette France qui m'est si chère. Je viens briser vos fers ; je viens déployer le drapeau blanc, le drapeau sans tache. Ralliez-vous autour de lui, braves Français, marchons tous ensemble au renversement de la tyrannie. Généraux, officiers, soldats qui vous rangerez sous l'antique bannière des lys, au nom du roi mon oncle, qui m'a chargé de faire connaître ses intentions paternelles, je vous garantis vos grades, vos traitemens et des récompenses proportionnées à la fidélité de vos services. Soldats, mon espoir ne sera point trompé, je suis le fils de vos rois, et vous êtes Français ! »

Cette proclamation était destinée à diviser l'armée française, à démoraliser ses forces. Aussi l'habile et vaillant capitaine qui résistait avec tant d'énergie à l'invasion d'une armée trois fois plus nombreuse que la sienne, s'empressa-t-il d'y répondre par un ordre du jour :

« Soldats ! le général qui commande l'armée contre laquelle nous nous battons tous les jours a eu l'impudeur de vous provoquer et de provoquer vos compatriotes à la révolte et à la sédition. Il parle de paix, et les brandons de la discorde sont à sa suite. Il parle de paix, et il excite les Français à la guerre civile. Grâces lui soient rendues de nous avoir fait connaître lui-même ses projets ! Dès ce moment, nos forces sont centuplées, et dès ce moment aussi il rallie lui-même aux aigles impériales ceux qui, séduits par de trompeuses apparences, avaient pu croire qu'ils faisaient la guerre avec loyauté. Aux armes ! que dans tout le midi de l'empire ce cri retentisse ! Combattons jusqu'au dernier les ennemis de notre auguste empereur et de notre chère France. Guerre à mort à ceux qui tenteraient de nous diviser pour nous détruire ! Contemplons les efforts prodigieux de notre grand empereur et ses victoires signalées. Soyons toujours dignes de lui ; soyons français, et mourons les armes à la main plutôt que de survivre à notre déshonneur !

» Du quartier-général, le 8 mars 1814.»

Le duc de Dalmatie cherchait ainsi à faire croire que la proclamation du duc d'Angoulême était l'œuvre du général en chef de l'armée anglaise, et qu'elle était destinée à affaiblir encore les forces qui lui étaient opposées. S. A. R. était tellement dégoûtée du peu d'attention qu'on portait à sa personne, du peu de souvenirs qu'elle réveillait dans les provinces françaises des Pyrénées, qu'elle était résolue d'abandonner le continent pour retourner en Angleterre, lorsqu'arriva au quartier-général de Saint-Jean-de-Luz, le marquis de Larochejaquelein. Il se disait député de Bordeaux, et venait faire connaître au prince et au général en chef l'état des esprits dans cette ville, et l'existence d'un comité royaliste en faveur de la maison de Bourbon.

Depuis quelques années, il s'était formé à Bordeaux une petite association royaliste bien secrète et bien innocente, sous la conduite de M. Taffard de Saint-Germain, qui prenait pour quelques amis le titre de commissaire de Louis XVIII. Cette association s'était recrutée de quelques gentilshommes du Médoc, sous l'influence de M. de Larochejaquelein et de Mme la marquise Donissan. On faisait de l'opposition obligée contre tous les actes de l'empire. On accueillait avec une bienveillance particulière les prisonniers espagnols qui avaient combattu pour *Dieu et le roi*. On lisait en secret les bulles d'excommunication contre *l'usurpateur*. M. le chevalier de Gombault conduisait une association religieuse, sorte de congrégation politique. Tout cela se liait à une vieille pensée d'insurrection dans la Vendée et la Guyenne, sous les ordres du marquis de Larochejaquelein. Mais ce n'était encore que des projets conçus et morts dans les épanchemens d'une partie de wisk. En attendant, on favorisait les conscrits réfractaires ; on les cachait contre les poursuites des préfets de Napoléon.

Lorsque les épouvantables désastres des campagnes de 1812 et 1813 eurent affaibli le pouvoir de l'empereur, Bordeaux devint le centre d'une opposition plus saillante et plus ouverte.

M. Lainé, proscrit pour son rapport courageux au corps législatif, s'y était retiré. M. de Sèze y entretenait une correspondance active. M. Lynch, maire de Bordeaux, était passé sans transition de l'admiration pour le grand homme à des sentimens bien opposés. Autour de ces chefs, se groupait la jeunesse élégante et tapageuse, nouvellement échappée à la conscription et aux gardes-d'honneur. On cherchait des duels avec les officiers des troupes de ligne, dévoués à l'empereur. C'était une mode que l'opposition au gouvernement impérial.

Lorsque l'armée du duc de Wellington arrivait à Bayonne, M. de Larochejaquelein s'ouvrit en confidence à M. Lynch sur ses espérances pour le retour des Bourbons. Le maire de Bordeaux reçut cette nouvelle avec empressement. « Mon ami, lui dit-il, vous n'avez pas de partisan plus dévoué ; c'est moi, c'est le maire de Bordeaux qui aspire à l'honneur de proclamer le premier Louis XVIII. »

C'est à la suite de ces communications que M. de Larochejaquelein s'était rendu auprès du duc d'Angoulême et de lord Wellington. Son dessein était d'appeler les troupes anglaises à Bordeaux, et d'opérer, avec leur secours, un mouvement royaliste favorable à la maison de Bourbon. Le duc d'Angoulême l'accueillit avec transport ; mais le général anglais lui dit : « Monsieur, les souverains alliés traitent en ce moment avec l'empereur Napoléon, et il m'est impossible de favoriser un mouvement qui pourrait contrarier leurs desseins. — Mais, dit le marquis de Larochejaquelein, il existe un comité royaliste qui peut disposer de grandes forces. — Prenez garde de vous compromettre ; vous vous êtes toujours exagéré les forces de votre parti. Au reste, demeurez à mon quartier-général, je vais forcer l'Adour, et puis nous verrons. »

Les opérations militaires rapprochant le théâtre de la guerre de Bordeaux, le duc de Wellington crut qu'il était essentiel de profiter du dévouement des royalistes, pour favoriser ses plans de campagne, sauf ensuite à juger leurs prétentions. M. le duc d'Angoulême fut invité à se rendre au quartier-général à Saint-Sevère. Là survint un nouveau député royaliste, M..Bontemps du Barry, pour inviter le général anglais à se porter rapidement sur Bordeaux. — « Mais, dit le duc de Wellington, jamais Bordeaux ne se déclarera contre Napoléon. » Telle était aussi l'opinion du duc d'Angoulême. — « J'en réponds sur ma tête, répondit le marquis de Larochejaquelein. » Sur cette assertion, le maréchal Béresford fut détaché à la tête de 15,000 hommes, pour marcher sur Bordeaux.

A mesure que l'armée anglaise s'avançait, le comité royaliste faisait tous ses efforts pour soulever le peuple. Déjà les autorités impériales avaient quitté la ville. M. le comte Cornudet, sénateur et commissaire extraordinaire, avait fait évacuer les employés de tout grade et les caisses publiques. Le général Lhuillier qui commandait la division, fit sa retraite. Les royalistes se trouvaient maîtres dès lors d'opérer leur mouvement en liberté.

C'était beaucoup pour le comité d'avoir en leur faveur l'autorité légale, M. Lynch, maire de la ville. Ils purent régulariser avec ordre le mouvement qu'ils préparaient. Lorsqu'on apprit que le maréchal de Béresford approchait, M. Lynch et deux adjoints, MM. de Tauzia, de Montdenard et une fraction du conseil municipal, se rendirent auprès du maréchal. MM. de Larochejaquelein, de Gombault, de Saluces, Lautrec, Macarti, Gauthier, Bontemps du Barry suivaient à cheval. Sur leur route, ils firent arborer le drapeau blanc à Roquefort et Bazas. Ce cortége marcha vers l'avant-garde de l'armée anglaise, et M. Lynch, s'avançant auprès du maréchal, lui dit : « Si vous venez comme vainqueur, vous pouvez, général, vous emparer des clefs sans qu'il soit besoin que je les donne ; mais si vous venez comme allié de notre auguste souverain Louis XVIII, je vous offre les clefs de cette ville intéressante, où vous serez bientôt témoin des preuves d'amour qui se manifesteront partout pour notre roi légitime. » Le maréchal Béresford réitéra les assurances de protection données par le duc de Wellington, et promit de traiter la ville en véritable alliée. Aussitôt, M. Lynch détacha son écharpe rouge sous laquelle était une autre écharpe blanche, et prit la cocarde royaliste ; cet exemple fut lentement imité dans la ville, et le drapeau blanc arboré sur la tour de Saint-Michel. Ce ne fut que graduellement que l'enthousiasme se communiqua et qu'il devint populaire.

Le 12 mars, le duc d'Angoulême fit son entrée à Bordeaux : la ville était pavoisée de drapeaux blancs; quelques flots de peuple volaient au-devant des Anglais, aux cris de *vive Louis* XVIII! *vive le duc d'Angouléme!* M. l'archevêque harangua le prince comme le représentant *du roi légitime.* Bientôt, la poésie et les théâtres mêlèrent les noms du duc d'Angoulême et des Anglais, de Louis XVIII et de Georges, de Wellington et de Turenne. On fit des vaudevilles à la gloire de *nos amis les ennemis.* Un homme d'esprit, appelé plus tard à jouer un rôle politique, prodigua des louanges hyperboliques au vainqueur de Salamanque. Le bon ton pour les hommes comme pour les femmes fut alors de flétrir le régime impérial. Triste situation d'un peuple de ne plus trouver d'éloges que pour l'étranger qui prenait ses villes! Le mouvement de Bordeaux fut plus décisif sur la restauration qu'on ne l'a pensé. D'abord il engagea fortement le gouvernement anglais, de manière à ne plus reculer. Il fit croire à l'existence d'une opinion nationale en faveur des Bourbons. Il servit aussi d'exemple à citer dans les conférences diplomatiques pour la restauration. Cependant, sous plus d'un rapport, ce royalisme prématuré lui fut nuisible; il entraîna le gouvernement dans l'adoption de la cocarde blanche, et décida ainsi une question vitale de simple couleur, qui plus tard a été une cause de ruine pour la restauration! Si le drapeau blanc n'avait pas été arboré à Bordeaux, le gouvernement provisoire eût pu convaincre Louis XVIII de l'importance de conserver les couleurs nationales; mais comment des têtes à préjugés pouvaient-elles résister à l'exemple, si entraînant pour elles, d'une grande cité prenant le drapeau de l'émigration!

1814.

En quittant Paris pour se rendre à l'armée, Napoléon avait pour la séconde fois confié la régence à l'impératrice Marie-Louise, placée, ainsi que le roi de Rome, sous la protection de la garde nationale. Une scène attendrissante avait eu lieu avant le départ : l'empereur, tenant l'impératrice et son fils par la main, avait passé devant le front des officiers de la garde nationale réunis aux Tuileries, et leur avait adressé de nobles paroles. Il ne leur avait même pas dissimulé qu'il était possible que, pendant qu'il se porterait à la tête de ses armées, des corps ennemis détachés fissent quelques tentatives aux environs de la capitale, et qu'il confiait la défense de cette grande cité à la garde nationale et à ses habitans.

Ces paroles avaient excité de l'enthousiasme ; et, quoique les souvenirs récens de la dissolu-

tion du corps législatif, des mesures de spoliation envers la banque, la misère du commerce
eussent singulièrement mécontenté les Parisiens, cette confiance de leur empereur avait
réveillé au dernier point l'esprit public. Partout, sur les théâtres, dans les rues, le peuple
était excité par des couplets patriotiques et par
des représentations scéniques où les grands
souvenirs de résistance nationale contre l'étranger étaient reproduits. Charles Martel, l'oriflamme, Charles vii, toutes les archives de
notre vieille histoire étaient fouillées et mises en
action. La plus grande ardeur régnait dans cette
partie des faubourgs qui auraient pu donner un
puissant secours ; mais l'aristocratie de l'empire
n'osait pas se servir de ces instrumens ; elle crai-
gnait de confier des armes aux hommes qui n'auraient pas toujours respecté ses salons dorés.

Le gouvernement était resté dans les mains
de l'impératrice, reine régente. Elle présidait
le conseil des ministres, le conseil d'état, le
sénat ; mais tout se faisait habituellement sous
l'influence de l'empereur, de telle sorte que, lorsque les communications furent coupées, le gouvernement resta sans chef et sans guide. Le
roi Joseph, qui avait le titre de lieutenant-

général de S. M., était sans résolution et sans courage. Cambacérès, homme de savoir et de règle, mais sans énergie, ne pouvait prêter, en présence de circonstances difficiles, la moindre force à un gouvernement. Au ministère de la guerre, le duc de Feltre portait un caractère décidé et un dévouement envers Napoléon, dont on a mal à propos douté. M. de Montalivet, excellent ministre pour les temps de calme, lorsqu'il fallait préparer une fête ou attirer les gens de lettres aux éloges de Napoléon dans les grandes solennités du mariage de Marie-Louise ou de la naissance du roi de Rome, n'avait pas assez de capacité politique. Il savait exactement combien il fallait faire de saluts pour la réception de la princesse Pauline, de la reine Hortense, dans un bal ou dans une fête; mais, lorsque la tête de Napoléon lui manquait, M. de Montalivet n'était plus qu'un gentilhomme poli à qui l'on trouvait d'excellentes manières. M. le duc de Rovigo avait le ministère important, la police : il y veillait avec une activité infatigable, mais avec peu d'intelligence. La police avait pris, depuis 1813 et au milieu des circonstances difficiles, une vie extraordinaire. On redoublait de surveillance sur les projets des ennemis du gouvernement, et tandis qu'on s'arrêtait à des niaiseries sans importance, la grande conspiration, c'est-à-dire le mouvement sénatorial de M. de Talleyrand échappait à cette police sans portée. Elle avait cependant une grande habileté pour remuer l'enthousiasme populaire. De ses bureaux, et sous la direction de M. Boulay de la Meurthe, partaient des articles de journaux et cette littérature de commande qui parlait au peuple. M. Réal, d'une aptitude plus générale que le duc de Rovigo et d'une certaine fermeté, secondait le ministre de la police. M. Pasquier, dont la haute capacité politique n'était point consultée, se tenait autant que possible en dehors de cette action et s'efforçait de réduire ses fonctions à la simple édilité. Par toutes les habitudes de sa vie, M. Pasquier devait se rapprocher d'un mouvement qui ferait rentrer la société dans les voies de la modération et de l'ordre.

Les autres ministres étaient sans influence sur le gouvernement. M. de Cessac, Decrès, Mollien, concentrés dans les affaires de leur département, s'occupaient peu de politique. M. le comte Molé, appelé jeune encore à l'administration de la justice, cherchait à mériter cette faveur d'*un beau talent* dans *un beau nom*, par un dévouement absolu à la dynastie impériale. Le prince Lebrun paraissait au conseil et s'abstenait de toute participation politique. M. de Chabrol, préfet de la Seine, son gendre, s'occupait des affaires municipales et du tirage de la conscription avec beaucoup de zèle, que sa récente et grande fortune lui commandait. Le conseil municipal ne partageait pas cet élan pour la dynastie de Napoléon. MM. Bellart, le Beau, de Montamant, Bosheron, Gauthier, Pérignon et Vial, membres du conseil général, subissaient avec quelque impatience les sacrifices que la position désespérée de l'empereur imposait à la grande cité.

Le commandement et la police militaire étaient toujours aux mains du comte Hullin et du chef d'état major Laborde que nous avons vus déjouer la conspiration Mallet. Ils plaçaient au-dessus de tous les devoirs le dévouement envers Napoléon. Leur zèle avait tout mis en activité pour le service de la capitale, les vétérans, les invalides, les élèves de l'école Polytechnique et de Charenton. On pouvait compter sur les efforts de ces officiers généraux pour la défense la plus sanglante de la capitale.

Mais il manquait une tête capable de diriger tous ces ressorts dans des circonstances si difficiles, et cela n'était pas étonnant; l'empire n'avait jamais subi d'aussi mauvais jours. Les caractères n'étaient point trempés à des événemens de cette force : il y avait rage impuissante chez les uns, mollesse, étonnement ou frayeur chez les autres. Le gouvernement allait encore dans son allure générale, mais plutôt par une vieille impulsion que par une direction forte et présente.

A côté de ce gouvernement, il s'en était formé un autre d'hommes habiles et mécontens. On a déjà parlé des négociations secrètes entamées par la seule influence de M. de Talleyrand avec le congrès de Châtillon. M. de Talleyrand inspirait une haute confiance aux alliés. Sa réputation d'habileté, ses manières de politesse qui souvent, comme on l'a dit, avaient tempéré les exigences impérieuses de Napoléon à l'égard des cabinets, son opposition connue à ces actes qui avaient excité le plus grand mécontentement en Europe, les guerres d'Espagne et de Russie, toutes ces circonstances donnaient à ses relations beaucoup d'importance. Il était certain que M. de Talleyrand avait été consulté par les

alliés bien avant leur entrée à Paris. A son départ pour l'armée, Napoléon lui avait offert le
ministère des affaires étrangères, qu'il avait refusé. L'empereur, irrité de ce refus, hésita un
moment pour savoir s'il ne s'emparerait pas de
la personne du vice-grand-électeur. Il en fut
empêché par des considérations particulières.

M. de Talleyrand prenait part aux délibérations du conseil de régence en sa qualité de
prince grand dignitaire, mais il s'abstenait de
tout avis décisif. Ce n'était point là qu'était le
foyer réel de ses négociations actives. La société
intime de M. de Talleyrand se composait alors
de MM. le duc de Dalberg, le marquis de Jaucourt. Dans le commencement de l'année 1814,
M. l'abbé de Pradt, archevêque de Malines,
était venu se joindre à cette petite société, où
se préparaient en silence de grands événemens
politiques.

Le duc de Dalberg était l'homme de la plus
grande intimité de M. de Talleyrand. Issu de
famille princière, il avait connu M. de Talleyrand, ministre des affaires étrangères, et avait
conçu pour lui un dévouement absolu; le ministre, à son tour, avait pris pour le jeune de
Dalberg la plus vive amitié. Il l'avait fait natu-

raliser et épouser Mlle de Brignolles. A la fin de 1813, M. de Dalberg s'était retiré des affaires. Proche parent de M. Nesselrode, ami du comte de Stadion, alors à la tête du cabinet à Vienne, de M. de Metternich et du baron de Vincent, M. de Dalberg jouissait d'une certaine influence diplomatique. Le marquis de Jaucourt, l'un des membres de l'assemblée constituante, avait d'abord émigré; rentré en 1803, il avait présidé le tribunat jusqu'à ce que le premier consul l'eût appelé au sénat. Il avait conservé un peu de l'opposition qui distinguait la coterie de Mme de Staël. M. de Pradt, écrivain actif, infatigable, homme d'esprit, mais sans suite dans les résolutions et les idées, s'était joint au salon de M. de Talleyrand. Il avait alors passé d'une grande admiration pour l'empereur à de vifs mécontentemens. M. de Talleyrand l'accueillit, et, selon son habitude, sans s'ouvrir précisément à lui, partagea son désir pour un changement qui pût amener l'ordre et la paix en Europe *. Autour de ce groupe

---

* M. de Pradt recevait alors les journaux anglais auxquels on attachait beaucoup d'importance. L'empereur avait donné ordre qu'on les refusât à M. de Talleyrand, au ministère des affaires étrangères.

d'hommes capables venaient se placer une foule d'agens d'intrigues et d'activité : MM. Laborie, de Bourrienne, de Vitrolles, etc. Tous, sauf M. de Vitrolles, ne précisaient pas le but des efforts communs ; ils ne parlaient des Bourbons que comme d'une chose probable, d'une éventualité qui ne devait en écarter aucune autre.

Il y avait une autre coterie dont le caractère bourbonnien était plus saillant. Avec les événemens malheureux dont la France avait été le théâtre, le comité royaliste de l'intérieur avait pris de nouvelles forces. Il s'était rapproché, par l'intermédiaire de l'abbé de Montesquiou, de M. de Talleyrand et des constitutionnels. M. de Montesquiou possédait à un haut degré un caractère de probité et de modération : membre et président de la constituante, il avait emporté l'estime et les suffrages de cette mémorable assemblée. Depuis, il avait été le correspondant de Louis XVIII à Paris. Il revenait de son exil, à Menton, lorsque le comité royaliste, ou, pour parler plus exactement, lorque quelques hommes résolurent de faire tourner les malheurs de la patrie au profit de la dynastie des Bourbons.

Les principaux membres de l'association royaliste étaient MM. de Montmorency, de Quinsonas, Clermont de Mont-Saint-Jean, Just de Noailles, Sosthène de La Rochefoucauld. Quelques uns ne s'étaient jamais attachés au gouvernement de Napoléon, quoiqu'ils comptassent un grand nombre de membres de leur famille dans la maison impériale; d'autres, par exemple, M. Sosthène de La Rochefoucauld, avaient sollicité et eu l'honneur d'être présentés chez S. M. l'empereur et roi; mais le temps des grandes solennités du mariage était passé! Vers le 30 février, MM. Mathieu et Adrien de Montmorency avaient reçu et propagé une proclamation de S. A. R. M. le comte d'Artois, datée de Vésoul; une presse clandestine en avait multiplié les exemplaires. En voici les termes :

« Nous Charles-Philippe de France, fils de France, MONSIEUR, comte d'Artois, lieutenant-général du royaume, etc., à tous les Français, salut.

» Français, le jour de votre délivrance approche; le frère de votre roi est arrivé.

» Plus de tyran, plus de guerre, plus de conscription, plus de droits vexatoires. Qu'à la voix de votre souverain, de votre père, vos malheurs soient effacés par l'espérance, vos erreurs par l'oubli, vos dissensions par l'union dont il veut être le gage.

» Les promesses qu'il vous renouvelle solennellement aujourd'hui, il brûle de les accomplir, et de signaler par son amour et ses bienfaits le moment fortuné qui, en lui ramenant ses sujets, va lui rendre ses enfans. Vive le roi! *Signé* CHARLES-PHILIPPE. »

A mesure que les alliés se rapprochaient de Paris, l'association royaliste prenait un caractère plus prononcé encore. Les salons du faubourg Saint-Germain s'emplissaient de gentilshommes en rapport avec les princes sur les frontières; on y discutait des projets de mouvemens à Paris, en faveur de la cause royale; mais on ne dissimulait pas que rien ne serait plus difficile que de faire triompher, sans la présence des alliés, une dynastie que personne ne connaissait plus. Il y avait dans la capitale une habitude d'obéissance à la famille impériale, et c'était une entreprise hasardeuse, que de substituer les fleurs de lis aux aigles d'Iéna et d'Austerlitz, qui ornaient le faîte des édifices, et le drapeau blanc au drapeau tricolore !

BATAILLE ET CAPITULATION DE PARIS.

EFFORTS DES ROYALISTES.

29 ET 30 MARS 1814.

Telle était la situation de Paris, lorsque l'armée alliée, forte de 180,000 hommes, arriva aux environs de la capitale. La présence des ennemis dans les villages rapprochés de Paris, fut signalée aux habitans de la grande cité par un spectacle attendrissant.

Des familles entières, avec leurs enfans, leurs troupeaux, se présentaient aux barrières, et bientôt elles remplirent les boulevards, et cherchèrent un abri dans les cours où une généreuse hospitalité leur était offerte. Des convois de blessés sillonnaient les rues, et déjà leur multitude encombrait les hôpitaux; une sombre inquiétude s'était répandue parmi les familles opulentes; beaucoup quittaient la ville, et se retiraient dans les provinces de l'Ouest et du Midi.

Le gouvernement de la régence se réunissait tous les jours; l'impératrice tenait le conseil des ministres, et, dans l'absence des nouvelles de l'empereur, toutes les délibérations étaient prises sous l'influence du roi Joseph et du prince archichancelier. Lorsqu'on sut à n'en plus douter que Paris était menacé, on résolut d'organiser les moyens de défense. La garde nationale et la troupe de ligne passèrent une revue dans la cour des Tuileries, le 27 mars, et défilèrent sous les yeux de l'impératrice et du roi de Rome; le tout formait environ 36,000 hommes qui, joints aux corps des ducs de Raguse et de Trévise, complétaient un effectif de 55,000 hommes, dont 24,000 au plus pouvaient prendre une part active à la défense extérieure. C'était la seule force à opposer aux deux grandes armées alliées; mais on pouvait soulever une immense population, et se procurer, en les armant, l'appui de 3o ou 4o,000 ouvriers qui auraient harcelé l'ennemi durant l'attaque; mais la méfiance qu'inspiraient les faubourgs, et surtout un système de trahison organisé dans l'intérieur, ne permettait pas l'emploi des ces dernières ressources.

Il était une condition essentielle pour le gouvernement impérial, c'était de rester au sein de la capitale, afin de donner l'impulsion à la résistance, et surtout d'empêcher les ennemis de la dynastie de Napoléon d'en préparer la ruine. Le 28 mars on mit en délibération, dans le conseil de régence, si l'impératrice et le roi de Rome demeureraient à Paris, en cas de siége. Le conseil décida d'abord qu'on resterait; mais le roi Joseph et l'archichancelier montrèrent un ordre de l'empereur, qui prescrivait de quitter la capitale, si les ennemis parvenaient à la surprendre. Il fut décidé que la régence se retirerait à Blois, ainsi que tous les membres du gouvernement. On avait tant parlé d'oriflamme, d'invasion de Maures et de Sarrasins, sous Charles-Martel, et des Anglais, sous Charles VII, qu'on s'imaginait que Blois deviendrait le siége du gouvernement, comme Bourges, sous le dauphin, fils de Charles VI. Paris n'était plus alors qu'une ville ordinaire. Une fois que le siége du gouvernement était porté autre part, Marie-Louise devait invoquer l'antique fidélité des Français. Les politiques d'administration croyaient aussi que les bureaux étant transportés à Blois, Paris serait désorganisé, et que les alliés n'y trouveraient pas les élémens d'une révolution.

On fit donc défiler le triste cortége de la régence, le trésor, les grands-officiers, les chambellans fidèles, les fourgons pleins de registres des ministères, les employés principaux : tout cela ressemblait assez à une pompe funèbre. De cette cour brillante, il ne restait plus à Paris que le roi Joseph, le duc de Rovigo, quelques uns des ministres, le comte Saint-Jean-d'Angely, et les autorités locales, le comte Hulin, le préfet de police, M. Pasquier, le comte Réal, M. de Chabrol. Le sénat n'alla point à Blois, faute immense du gouvernement impérial, car c'était laisser à la disposition des alliés la grande autorité constitutionnelle. On n'appela que le président et le chancelier.

Paris se trouvait ainsi livré au pouvoir militaire et à la police. Le parti de M. de Talleyrand n'avait plus à craindre la présence du gouvernement central *. Il s'agissait seulement pour lui d'atténuer la résistance, et, autant

---

* M. de Talleyrand, pour donner le change, avait fait ses dispositions pour partir; il s'était même mis en route; mais il se fit arrêter à la barrière par un poste. Son salon en avait besoin à Paris.

que possible, d'amener par une capitulation faite à temps, la constitution d'un gouvernement sur les ruines de Napoléon.

Le 3o mars au matin, l'attaque de Paris commença. Dès trois heures, la générale avait été battue dans les rues; la garde nationale avait pris avec ardeur les armes, sous les ordres du maréchal Moncey. Les corps bien affaiblis des ducs de Raguse et de Trévise tenaient les hauteurs. Les alliés, au nombre de plus de 120,000 hommes, commencèrent leur mouvement, et furent long-temps repoussés avec un succès qui tenait du prodige. A Paris, plus de 4o,ooo ouvriers demandaient des armes à grands cris; l'amour de la patrie s'était réveillé avec force aux jours de dangers. Des provocations énergiques à la résistance avaient été répandues par le gouvernement; une proclamation, qu'on attribuait à un homme de beaucoup d'esprit, alors chef au ministère de la police, portait:

« Nous laisserons-nous piller? nous laisserons-nous brûler?

» Tandis que l'empereur arrive sur les derrières de l'ennemi, 25 à 3o,ooo hommes, conduits par un partisan audacieux, ose menacer nos barrières! En imposeront-ils à 500,000 citoyens capables de les exterminer!

» Nous laisserons-nous piller? nous laisserons-nous brûler? Défendons nos biens, nos femmes, nos enfans, et donnons le temps à notre brave armée d'arriver pour anéantir sous nos murs les barbares qui voulaient les renverser.

» Nous avons des canons, des baïonnettes, des piques, du fer; nos faubourgs, nos rues, nos maisons, tout peut servir à notre défense. Qu'on se figure une armée essayant de traverser un de nos faubourgs au milieu des barricades, des maisons crénelées, à travers le feu croisé de la mousqueterie qui partirait de toutes les maisons, des pierres, des poutres qu'on jetterait de toutes les croisées!...»

Cette invitation véhémente, dont l'exécution aurait eu un résultat glorieux, mais funeste, n'était appuyée d'aucune signature. Soit méfiance, soit trahison, aucune arme ne fut fournie. La fuite du roi Joseph, qui donna ordre de capituler et prescrivit à tous les ministres de quitter Paris, découragea toutes ces nobles tentatives. Vainement les buttes Montmartre et Chaumont furent-elles défendues avec un courage acharné, vainement les élèves de l'école Polytechnique et de Charenton couvrirent-ils la terre de cadavres russes et prussiens, vainement une poignée de soldats avaient vaillamment soutenu l'honneur et la gloire de la patrie. On apprit à quatre heures que le duc de Raguse, après une héroïque résistance *, avait conclu un armistice qui allait être suivi d'une capitulation. Le 3o, à trois heures, le maréchal avait envoyé plusieurs officiers au prince de Schwartzemberg, pour lui faire connaître qu'il était prêt à entrer en arrangement. Un de ces officiers, conduit devant le général Barclay de Tolly, demanda une trève de deux heures. Le général français promettait d'évacuer tout le terrain qu'il occupait encore hors des barrières, et s'engageait, l'armistice expiré, à souscrire à la reddition de la capitale. Les alliés acceptèrent avec empressement les conditions proposées; la reddition de Paris était un point important de leurs opérations militaires; car ils venaient d'apprendre la marche précipitée de Napoléon par Troyes; avant quarante-huit heures il allait être sur leurs derrières,

---

* Il avait combattu comme un soldat; ses habits étaient criblés de balles; la défection du duc de Raguse ne fut point là.

avec une armée de 60,000 hommes, bouillante de courage et impatiente d'arracher Paris aux alliés ! D'un autre côté, la capitale, sous le point de vue politique, pouvait offrir des élémens pour affaiblir et diviser les forces de Napoléon, et servir les desseins des alliés, qui ne craignaient que lui dans cette guerre.

La capitulation de Paris ne fut pas l'œuvre exclusive du maréchal Marmont, sur lequel plus tard tout l'odieux en a été jeté. Elle lui fut commandée par le roi Joseph. Plusieurs notables allèrent, quelques momens après l'armistice, prendre des nouvelles chez le maréchal en son hôtel, rue de Paradis-Poissonnière : on y remarquait MM. Laffitte et Perregaux, qui parlèrent très-vivement pour la capitulation, comme d'une nécessité, afin de sauver les intérêts du commerce. Ils établirent fort nettement que les Parisiens étaient las de la lutte, et qu'il ne fallait pas exposer tant de grands intérêts aux chances du combat.

Pendant qu'on discutait à l'Hôtel-de-Ville, les conditions d'une capitulation, à la suite de l'armistice du duc de Raguse, les royalistes cherchaient à paralyser dans l'intérieur l'énergie nationale. M. de Fitz-James haran-

gua un bataillon de gardes nationales qui
voulaient franchir les barrières pour marcher
à l'ennemi, et lui persuada que ce n'était pas
là le devoir de la garde nationale. On empêchait la circulation des proclamations adressées au peuple; des agens cherchaient à com-
primer l'élan des citoyens; mais pas un cri
favorable aux Bourbons ne se faisait entendre.

Alors s'accomplissait la capitulation de Paris
au quartier-général du duc de Raguse, entre
le comte Orloff et Paar, aides-de-camp de l'empereur Alexandre et du prince Schwartzemberg, et les colonels Denys et Fabvier, attachés
à l'état-major du maréchal.

Il fut convenu que les troupes françaises
auraient la nuit entière pour se retirer avec
leur matériel, et qu'à six heures du matin les
troupes alliées prendraient possession de la capitale. On obtint, de plus, que les postes de l'intérieur seraient confiés à la garde nationale.

Ainsi, Paris sans gouvernement était livré
à la discrétion des alliés; ainsi, les différens
partis allaient dire leurs espérances devant
l'étranger, maître de la capitale, et appelé en
quelque sorte à décider de ses destinées politiques.

1814.

Dès que la capitulation fut signée, M. de Talleyrand ouvrit directement des communications avec l'empereur Alexandre et les ministres des puissances alliées. Il répondit des autorités pour opérer un mouvement contre Napoléon; à son tour l'empereur Alexandre plaça la plus haute confiance en M. de Talleyrand, et pour en donner un gage officiel aux partis qui pouvaient se prononcer dans la capitale, il consentit à descendre dans l'hôtel du prince. Les appartemens qui donnent sur la place Louis xv, furent préparés afin de recevoir un hôte si important. Le 3o au soir, les principaux moteurs du mouvement sénatorial, MM. de Jaucourt, de Dalberg, l'abbé de Montesquiou, l'abbé de Pradt, le baron Louis se réunirent chez M. de Talleyrand; on discuta sur la situation; différentes questions furent posées : on examina la régence de l'impératrice, les chances diverses que pouvait avoir cette combinaison, et l'appui qu'elle trouverait infailliblement dans l'empereur François. Quand on en vint aux Bourbons, M. de Dalberg exposa la difficulté de concilier un système libéral avec les préjugés et les habitudes de légitimité absolue de la branche aînée des Bourbons. Le nom de M. le duc d'Orléans fut prononcé; mais M. de Talleyrand et l'abbé Louis se montrèrent les chauds partisans de la légitimité comme principe. Il fut décidé qu'on s'arrêterait définitivement au retour de Louis xviii, avec une constitution libérale; cette délibération fut adoptée en termes généraux sans rien préciser; M. de Talleyrand se chargea d'agir en ce sens auprès des souverains alliés et du sénat qui n'étaient rien moins que décidés à prendre ce parti. La seule donnée qu'on eut encore, c'est que l'empereur Alexandre et ses alliés paraissaient hésiter à traiter désormais avec Napoléon. On n'ignorait pas la conversation du czar avec la princesse de Bade : « Si Napoléon ne traite pas, et si nous passons le Rhin, avait-il dit, nous ne pourrons plus traiter avec lui, et nous le renverserons. » M. de Talleyrand savait que plusieurs éventua-

lités avaient été posées entre les plénipoten
tiaires au congrès de Châtillon, et qu'il n'existait pas un accord parfait entre les puissances,
si ce n'est sur ce point : qu'il fallait établir
un état de choses stable, qui pût maintenir la
paix et la sûreté de l'Europe.

A mesure que les chances du gouvernement
de Napoléon s'affaiblissaient, M. de Talleyrand voyait son salon se remplir de toutes les
nuances d'opinions, qui venaient y chercher
direction et appui.

Républicains, bonapartistes, royalistes, tous
s'y rencontraient pêle-mêle, et M. de Talleyrand, avec une souplesse parfaite, répondait
à tous quelque chose qui pouvait relever leurs
espérances ou flatter leur amour-propre. Aux
républicains, il disait : que les souverains
alliés voulaient laisser la nation maîtresse de
décider de son gouvernement ; aux impérialistes, que leur avenir serait assuré et leur place
conservée ; qu'il y avait des chances pour la
régence de Marie-Louise ; mais qu'il fallait se
hâter de détruire l'obstacle : le pouvoir de
l'empereur Napoléon ; aux royalistes il faisait
entrevoir que le rétablissement de la maison
de Bourbon était dans ses vœux, mais qu'on le

devrait à l'habileté de conduite et à la sagesse des opinions.

Au dehors, les partis s'agitaient tumultueusement et sans guide. Le gouvernement de Napoléon avait trop de grandeur, il avait créé trop d'intérêts pour tomber sans secousses ; l'organisation de sa police multipliait ses partisans avec une activité sur tous les points, répandue par des publications adroites et patriotiques jetées dans les faubourgs. La capitulation du duc de Raguse était considérée comme une véritable trahison par cette multitude. Il était facile aux partisans de l'empire de réveiller des idées de gloire ; leur objet était de faire rompre la capitulation et d'entraîner la résistance nationale. Ils parcouraient les faubourgs aux cris de vive l'empereur ! Vive Napoléon ! Ils arrêtèrent même M. de Thomansoff, que les alliés envoyaient à l'Hôtel-de-Ville, afin de convenir des mesures nécessaires pour assurer le séjour des alliés dans Paris.

De leur côté, quelques royalistes s'étaient réunis sur la place Louis xv ; ils étaient en bien petit nombre, puisqu'ils ont pris la peine de se compter eux-mêmes en 1814. Le premier qui arbora un mouchoir blanc au bout d'un bâton, le 31 mars, à neuf heures du matin, fut M. de Vauvineux, agent dévoué à MONSIEUR comte d'Artois ; il poussa le premier cri de *vive le roi!* personne ne le répéta ; il fut joint par MM. Thibaut de Montmorency, le comte Gustave d'Hautefort, le chevalier du Theil, Charles de Crisnoy et le comte César de Choiseul. Ils formèrent un petit groupe, et suivirent la rue Royale, après avoir pris la cocarde blanche. Le comte de Montmorency les précédait, il agitait une espèce de drapeau blanc, et cherchait à parler au peuple. « Vengeons, disaient les uns, la mort du duc d'Enghien. » « Rallions-nous à un Montmorency, disaient les autres. » Mais toutes ces paroles se perdaient parmi le peuple qui ne comprenait pas le but de cette procession sentimentale. Les écrivains royalistes avouent que le cortége ne se grossit dans sa marche, que du comte de Laferté-Meun, du duc de Mouchy, du duc de Fitz-James, Adolphe de Las-Cases, Florian de Kergorlay, le vicomte de Chateaubriand et le comte Maurice d'Adhémar. Ce cortége n'excitait que l'étonnement muet et quelquefois moqueur des Parisiens.

Sur le boulevard des Italiens, MM. le vicomte Dubois de Lamotte, le vicomte Ma-

Jartic, Charles de Béthisi, le marquis de Pimo-
dan, et Alexandre de Mazancourt, parcouraient
à cheval le court espace qui sépare le café
Tortoni du café Hardi, et montraient vainement à la foule, les avantages de la race
antique des Bourbons. Le peuple n'applau-
dissait qu'aux promesses d'ordre, de paix,
d'abolition d'impôt et de conscription, que
n'épargnaient pas les chefs du parti royaliste.

Sur plusieurs autres points, à la rue du
Bac, à la rue Saint-Dominique, de semblables
tentatives étaient faites, mais sans aucun
succès. Le cortége ne se composait que de
quelques gentilshommes, de ceux que le bas
peuple appelait du nom d'*émigrés*. Vainement
lisaient-ils des proclamations aux portes Saint-
Denis et Saint-Martin, on restait froid à leurs
discours, et dans plusieurs lieux même ils
furent violemment menacés.

La garde nationale ne prenait aucun parti,
se bornant à maintenir l'ordre. Soldats et officiers portaient encore à leur chapeau la cocarde
aux trois couleurs; ils parcouraient tous les
quartiers de Paris, protégeaient les propriétés
et les personnes. M. de Fitz-James, officier dans
cette garde, avait voulu faire prendre à quel-

ques uns de ses soldats la cocarde des Bourbons; ils s'y étaient constamment refusés. Tous n'entendaient recevoir des ordres que du maréchal Moncey.

C'est dans cette agitation de partis que les alliés firent leur entrée à Paris. Le prince Schwartzemberg s'était fait précéder d'une proclamation qui dès le matin avait été affichée. On y disait :

« Habitans de Paris, les armées alliées se trouvent devant Paris. Le but de leur marche vers la capitale est fondé sur l'espoir d'une réconciliation sincère et durable avec elle.

» Les souverains alliés cherchent de bonne foi une autorité salutaire en France, qui puisse cimenter l'union de toutes les nations et de tous les gouvernemens. C'est à la ville de Paris qu'il appartient, dans les circonstances actuelles, d'accélérer la paix du monde. Son vœu est attendu avec l'intérêt que doit inspirer un si immense résultat. Qu'elle se prononce, et dès ce moment l'armée qui est devant ses murs devient le soutien de ses décisions.

» Parisiens, vous connaissez la situation de votre patrie; l'occupation amicale de Lyon, la conduite de Bordeaux, les maux attirés sur la

France, et les dispositions véritables de vos concitoyens. Vous trouverez dans ces exemples le terme de la guerre étrangère et de la discorde civile. Vous ne sauriez plus le chercher ailleurs.

» C'est dans cette espérance que l'Europe, en armes dans vos murs, s'adresse à vous. Hâtez-vous de répondre à la confiance qu'elle met dans votre amour pour la patrie et dans votre sagesse. »

Cette proclamation avait été concertée avec M. de Talleyrand. Le modèle en avait été même envoyé au quartier-général et long-temps délibéré. Tous les partis y trouvaient des motifs d'espérance. On y parlait aux royalistes de l'exemple de Bordeaux; aux républicains, et même aux partisans de Napoléon, du désir des alliés de laisser la nation maîtresse de choisir la forme de son gouvernement. On flattait l'amour-propre national par cette phrase habile, que l'Europe en armes demandait la paix à la capitale de la France.

La vérité était que les puissances alliées, fatiguées de la guerre, avaient besoin de la paix. Leur position était d'ailleurs hasardée, s'ils n'avaient pas pour eux les habitans de Paris. Napoléon pouvait tomber sur leurs derrières, et les attaquer dans plusieurs directions, soutenu par une population de 800 mille âmes. Il fallait donc se hâter de disloquer le gouvernement impérial.

Les armées combinées traversèrent les boulevards, garnis d'un peuple curieux de voir cet assemblage de troupes de tant de nations et de peuples différens. A cette curiosité de contempler un spectacle si nouveau, se mêlait parmi le peuple un sentiment de tristesse.

Par un contraste frappant, des groupes de femmes agitant leurs mouchoirs, saluaient les alliés du titre de *libérateurs*. Les processions royalistes qui s'étaient promenées dans la matinée par la capitale, précédaient l'empereur Alexandre, et cherchaient par leurs démonstrations bruyantes à lui donner le change sur l'état de l'opinion. Cependant la proclamation du prince de Schwartzemberg avait rassuré les esprits; les boutiques, les marchés se r'ouvrirent. Les soldats, les officiers russes, prussiens, allemands se répandirent dans les rues de Paris. M. le préfet de police, baron Pasquier, maintint l'ordre public; il se mit en rapport direct avec les chefs des armées alliées et les ministres influens auprès des souverains.

Bientôt M. Pasquier conquit cette confiance qui arrive toute seule à la capacité. Il avait été jusqu'au dernier moment fidèle au gouvernement de Napoléon, et surtout aux devoirs de sa magistrature municipale. Il n'alla chez M. de Talleyrand que le 31 mars à quatre heures; c'est alors qu'il se mit à l'entière disposition du salon où allaient se discuter de si grands intérêts.

L'EMPEREUR ALEXANDRE
DANS LE SALON DE M. DE TALLEYRAND.

31 MARS 1814.

LE 31 mars, à six heures du soir, l'empereur de Russie prit possession des appartemens que M. de Talleyrand lui avait fait préparer. Après quelques instans de repos, l'objet de la conversation roula sur les moyens à prendre pour mettre un terme à la guerre.

Alexandre, d'un caractère généreux, quoique un peu dissimulé, avait alors une seule préoccupation, celle d'assurer la paix du monde. Son ambition était de faire un noble contraste avec Napoléon, grand surtout par la guerre. Quoique l'intime influence de Mme Crudner sur l'esprit d'Alexandre n'ait commencé qu'en 1815, le czar avait déjà recueilli certaines idées mystiques et de prédestination, qui lui faisaient croire * que sa mission était ici-bas de remplir le rôle de pacificateur au moyen de ses immenses armées. C'était une de ces âmes usées par toutes les émotions, comme on en rencontre en Russie. On aurait dit que, préoccupé par le souvenir d'un cruel accident de sa vie qui lui pesait comme le remords, il se jetait avec passion dans le bien comme vers le repentir! Au reste le czar était un homme facile à manier pour M. de Talleyrand, dont l'expression, toujours noble, toujours heureuse, savait si bien parler à ses préjugés généreux. M. de Nesselrode, son chancelier, possédait sa plus haute confiance : diplomate instruit, à formes élégantes et polies, M. de Nesselrode partageait la pensée de l'empereur, son maître, sur la paix générale, se réservant tout entier pour la question du grand duché de Varsovie, au congrès, comme prix des efforts de la Russie dans la coalition. Le général-major Pozzo di Borgo exerçait également une haute influence sur l'esprit d'Alexandre. Né en Corse, et, dit-on, séparé de la famille de Bonaparte par une *vendetta* hérédi-

---

* Mme Crudner avait persuadé à Alexandre que Napoléon était le diable noir ou le génie des batailles, et que lui était l'ange blanc ou le génie de la paix.

taire, M. Pozzo, d'abord membre de l'assemblée
législative, et patriote distingué, avait pris du
service en Russie, s'était élevé au grade de général-major. C'était un ennemi personnel de
Napoléon.

M. de Talleyrand avait tout prévu. Il avait
placé auprès du roi de Prusse le général Beurnonville, long-temps ambassadeur à Berlin,
que Frédéric-Guillaume honorait d'une vieille
confiance. Il l'avait chargé de lui faire connaître l'opinion de la France et des partis.
Le chancelier de Hardenberg avait eu de
nombreuses relations avec M. de Talleyrand, ministre des affaires étrangères; et il
aimait à se souvenir avec quelle modération le
ministre de Napoléon avait tempéré les ordres
sévères de son maître sur la Prusse. — Auprès
du prince de Schwartzemberg, qui avait les
pleins pouvoirs de l'empereur d'Autriche, M. de
Talleyrand dépêcha le duc de Dalberg, que
d'anciennes relations rapprochaient aussi de
M. de Metternich. Ici la chose était plus importante : les intérêts de Marie-Louise, la question
de la régence se mêlaient à la déchéance de
Napoléon. Il fallait déterminer l'empereur d'Autriche à abandonner les droits de sa fille et de

son petit-fils. Dans une conférence préliminaire avec le prince de Schwartzemberg, M. de Dalberg s'était assuré que l'empereur d'Autriche et M. de Metternich étaient d'avis que la continuation de l'existence souveraine de Napoléon était incompatible avec le repos de l'Europe. Dès lors il était facile de conclure contre la régence, qu'elle ne serait que la continuation du règne de Napoléon ; mais c'était néanmoins un point difficile à faire résoudre par le père de Marie-Louise.

La première conférence officielle sur la restauration s'ouvrit le 31 mars, de trois à quatre heures du soir. Elle se tint dans le grand salon de M. de Talleyrand. Du côté droit et le plus rapproché du meuble d'ornement du milieu se trouvaient le roi de Prusse et le prince de Schwartzemberg. M. le duc de Dalberg était à la droite du prince. Puis venaient MM. Pozzo di Borgo et le prince de Lichteinstein. M. de Talleyrand avait pris place à la gauche du roi de Prusse.

L'empereur Alexandre se promenait à grands pas et parlait par phrases entrecoupées, vives et souvent éloquentes : « Ce n'est pas moi, disait-il, qui ai commencé la guerre : on est venu me chercher chez moi. Ce n'est point la soif de conquête et de vengeance qui m'amène à Paris. J'ai tout fait pour épargner cette grande capitale. J'aurais été inconsolable si elle avait été atteinte. Je ne fais point la guerre à la France, et mes alliés ne reconnaissent que deux ennemis : l'empereur Napoléon et ceux qui s'opposent à la liberté des Français. N'est-ce pas là l'opinion de Sa Majesté ? dit-il au roi de Prusse. Le roi Guillaume répondit : Je suivrai l'avis de Votre Majesté ; mais mon opinion serait de combattre et détruire d'abord Napoléon ; il est à Fontainebleau avec une armée dévouée ; le combattre est le point essentiel ; je ferai d'ailleurs ce que Votre Majesté décidera. Messieurs, continua l'empereur de Russie, en s'adressant à MM. de Talleyrand et de Dalberg, les Français sont parfaitement libres de choisir le gouvernement qui leur conviendra. »

Alors trois questions furent posées : 1° faire la paix avec Napoléon, en demandant toute espèce de garantie contre lui ; 2° établir la régence ; 3° rappeler la maison de Bourbon.

M. de Talleyrand prit la parole sur les deux premières questions, et fit sentir tous les inconvéniens de l'existence souveraine de Napoléon, qui nécessiterait pour toutes les puissances une occupation armée ou un état militaire exorbitant. Les souverains alliés veulent la paix, une paix durable, solide, qui donne à l'Europe une garantie de sécurité; avec Napoléon il n'y aura qu'une trève. Il combattit également la régence, qui ne serait que le règne de Napoléon continué. Le rétablissement de la maison de Bourbon lui parut la seule chose qui convînt, qui fût désirée, qui pût être acceptée généralement. Cette restauration mettait un terme à la tyrannie, donnait les garanties tant souhaitées pour les libertés, et présageait à l'Europe de longues années de paix. Nous pouvons partir dès lors, ajouta-t-il, d'un principe fixe, l'ancienne dynastie et les anciennes limites.

Le prince de Lichteinstein contesta vivement que l'opinion publique appelât la maison de Bourbon. L'armée alliée avait traversé la France, et elle n'avait pas rencontré un mouvement favorable aux Bourbons, si l'on n'en exceptait Bordeaux. La résistance de l'armée n'était-elle pas à craindre? Elle se trouvait au même degré dans les corps de nouvelles levées, que dans les vétérans. Il n'y avait donc de sécurité que dans un traité qui tiendrait compte de la force de ces opinions.

« Quel moyen proposez-vous, dit l'empereur Alexandre à M. de Talleyrand, pour obtenir le résultat désiré ?

» — Les actes des autorités constituées. Je me fais fort du sénat. L'impulsion donnée par celui-ci sera bientôt suivie par Paris et la France. Si Sa Majesté n'ajoute pas une entière confiance à mon témoignage, je lui demanderai la permission d'introduire en son conseil MM. le baron Louis et de Pradt, qui pourront justifier ce que j'avance. » L'empereur ayant consenti, MM. le baron Louis et de Pradt furent appelés. Alexandre se promenait toujours à grands pas, répétant les mêmes expressions par lesquelles il avait ouvert la séance. « Napoléon est l'ennemi commun. Je suis l'ami de la paix. Et vous, M. de Pradt, que pensez-vous ? — Nous sommes tous royalistes, répondit l'archevêque de Malines, toute la France l'est comme nous. Si elle ne s'est pas montrée, c'est à cause du congrès de Châtillon. Paris se prononcera dès qu'il pourra le faire et qu'il y aura sûreté. D'après l'influence que Paris exerce sur la France, son exemple sera décisif. » Le baron Louis tint le même langage, avec des expressions plus ardentes encore contre Napoléon. M. Louis était alors le promoteur le plus violent de la restauration, le plus acharné des ennemis de l'empereur. Comme on lui faisait observer que Napoléon n'était point mort, même politiquement, il répondit : *c'est un cadavre ; seulement il ne pue pas encore.*

« Votre Majesté, reprit Alexandre en s'adressant au roi de Prusse, persiste-t-elle dans sa résolution contre l'empereur Napoléon ? Et vous, prince de Schwartzemberg, y donnez-vous votre consentement ? » Sur leur réponse affirmative, Alexandre, vivement agité, se promenant toujours à grands pas, s'écria : « Je déclare que je ne traiterai plus avec Napoléon. — Mais, dit M. de Talleyrand, Napoléon se trouve seul exclu par cette déclaration, qui n'atteint pas sa famille. — Eh bien ! ajoutez : ni avec aucun des membres de la famille. »

Maître du terrain, M. de Talleyrand prit la plume et rédigea un projet de déclaration. Quelques observations furent présentées. Une rédaction définitive ayant été arrêtée, M. de Nesselrode en fit de sa main une copie. Voici le texte de la déclaration :

« Les armées des puissances alliées ont occupé

la capitale de la France. Les souverains alliés accueillent le vœu de la nation française.

» Ils déclarent :

» Qu'ils ne traiteront plus avec Napoléon Bonaparte, ni avec aucun membre de sa famille.

» Qu'ils respecteront l'intégrité de l'ancienne France, telle qu'elle a existé sous ses rois légitimes.

» Qu'ils reconnaîtront et garantiront la constitution que la nation française se donnera.

» Ils invitent par conséquent le sénat à désigner un gouvernement provisoire, qui puisse pourvoir aux besoins de l'administration, et préparer la constitution qui conviendra au peuple français. »

Après avoir apposé sa signature, Alexandre hésitait encore pour la publication. Enfin, entraîné par les vives instances de M. Pozzo di Borgo, que les royalistes avaient entouré, il consentit à ce qu'elle fût imprimée et publiée. Un des frères Michaud se trouvait dans l'antichambre de M. de Talleyrand. Il reçut de sa main copie de la déclaration. Dans moins d'une heure elle fut affichée dans tout Paris. M. de Talleyrand et le parti royaliste avaient ainsi engagé l'empereur Alexandre ; c'est ce qu'ils voulaient. Le czar était poursuivi par un sombre pressentiment. Il avait conservé de Napoléon une idée de grandeur et le souvenir des entrevues de Tilsit et d'Erfurth. Il se croyait prédestiné à ne lui survivre que peu de temps. Des prédictions effrayaient son faible esprit; et pour ceux qui vécurent alors dans son intimité, il fut démontré que le zcar avait des momens où sa raison n'était pas entière.

LE SÉNAT CONSERVATEUR.

1ᵉʳ AVRIL 1814.

La déclaration de l'empereur Alexandre reconnaissait les droits qu'avait le sénat de proclamer les intentions du peuple français sur la
forme de son gouvernement, ce qui entrait
dans le plan de M. de Talleyrand et de ses amis.
Ils savaient que dès qu'il y aurait un gouvernement organisé en dehors du pouvoir impérial,
toutes les autorités secondaires viendraient s'y
grouper, et que la restauration s'opérerait sans
crise et par le seul mouvement d'obéissance
imprimé depuis quinze années à tous les corps
administratifs. Le prétexte de M. de Talleyrand
était, surtout, de donner à la restauration une
origine nationale, et d'en faire comme l'expression d'un vœu public, en même temps qu'il remplissait les intentions de Louis xviii, qui, dans
sa proclamation du mois de janvier 1814, avait

appelé le sénat à détruire le gouvernement de Bonaparte.

Les sénateurs n'étaient point alors tous à Paris. Depuis le mois de janvier, un grand nombre avait été envoyé en mission pour organiser la résistance dans les départemens, et, sous le titre de *commissaires extraordinaires*, ils avaient donné l'impulsion à toutes les forces nationales. D'autres, en leur qualité de grands dignitaires, avaient suivi l'impératrice Marie-Louise à Blois. Il ne restait que 80 ou 100 membres tout au plus, sur lesquels M. de Talleyrand devait agir.

On a déjà dit quelles étaient les différentes nuances qui composaient le sénat. Dès le mois de janvier 1814, l'opposition, qui, en 1810, n'allait pas au-delà de MM. Lanjuinais, Lambrechts, Grégoire, Garat, Destutt de Tracy, s'était grossie d'une vingtaine de membres. Mais cette opposition était toute républicaine, ou, pour une monarchie, tellement pondérée, tellement libre, que le monarque, sous un titre héréditaire, ne fût, dans le fait, qu'un président de république. Quant à la majorité du sénat, elle était dévouée à la dynastie de Napoléon.

M. de Talleyrand devait procéder avec mesure, pour ne point s'aliéner les diverses nuances du sénat. S'il avait de prime-abord annoncé son arrière-pensée, ses plans concertés avec ses amis, il aurait trouvé de la résistance dans les sénateurs dévoués soit à la famille impériale, soit aux idées républicaines. Il fallait d'abord se réunir autour d'une de ces mesures essentiellement provisoires, qui ne pouvaient effaroucher personne, qui ne blessaient aucune opinion, et laissaient toutes les espérances dans leur activité. MM. de Dalberg et de Talleyrand convinrent donc de proposer au sénat une commission prise dans son sein, ou parmi des hommes dont les noms pourraient répondre à toutes les éventualités de la situation politique. Le 31 mars au soir, la liste en fut arrêtée dans le cabinet de M. de Talleyrand, qui en retint la présidence. Elle fut d'abord composée de MM. le duc de Dalberg, le comte de Jaucourt et l'abbé de Montesquiou. Tous avaient joué, comme on l'a vu, un rôle plus ou moins actif dans le mouvement politique. Au dernier moment, on y ajouta le général comte de Beurnonville, parce qu'il fallait un militaire dans le gouvernement provisoire; le comte de Beurnonville devait plaire à toutes les opinions du sénat; officier de l'ancien régime, général sous la république, ami de Carnot et des républicains, il offrait des garanties à tous les partis.

Le lendemain les sénateurs reçurent une lettre de convocation pour se réunir en séance extraordinaire, sous la présidence du prince vice-grand-électeur; toutes les formules de l'empire étaient ainsi exactement observées : c'était le 1er avril, à deux heures et demie. Le sénat, au nombre de 65 membres, s'était rendu à cette convocation, en costume. M. de Talleyrand avait passé toute la matinée à envoyer des exprès chez tous les sénateurs, pour les engager à venir à cette séance; quelques uns refusèrent par dévouement, d'autres se cachèrent : on fut plus de trois heures avant de découvrir et entraîner M. de Pastoret : la séance ne s'ouvrit qu'à trois heures. M. de Talleyrand prit ainsi la parole :

« Sénateurs, la lettre que j'ai eu l'honneur d'adresser à chacun de vous, pour vous prévenir de cette convocation, leur en fait connaître l'objet. Il s'agit de vous transmettre des propositions; ce mot seul suffit pour vous indiquer la liberté que chacun de vous doit apporter dans cette assemblée.

» Sénateurs, les circonstances, quelque graves qu'elles soient, ne peuvent être au-dessus du patriotisme ferme et éclairé de tous les membres de cette assemblée; et vous avez sûrement senti tous également la nécessité d'une délibération qui ferme la porte à tout retard, et qui ne laisse pas écouler la journée sans rétablir l'action de l'administration, ce premier de tous les besoins, par la formation d'un gouvernement dont l'autorité, établie pour la nécessité du moment, ne peut qu'être rassurante. »

Ce discours, habilement conçu, fut accueilli avec un assentiment unanime. A peine quelques membres firent-ils entendre des observations sur l'étendue des pouvoirs de ce gouvernement provisoire; plusieurs rédactions furent proposées et discutées; enfin un projet de sénatus-consulte fut adopté en ces termes :

« 1° Il sera établi un gouvernement provisoire chargé de pourvoir aux besoins de l'administration et de présenter au sénat un projet de constitution qui puisse convenir au peuple français. Ce gouvernement est composé de cinq membres, savoir : MM. de Talleyrand, de Beurnonville, comte de Jaucourt, duc de Dalberg, l'abbé de Montesquiou. »

« L'acte de nomination du gouvernement provisoire sera notifié au peuple français par une adresse des membres de ce gouvernement. »

Après que ces élections eurent été proclamées, M. de Talleyrand prit de nouveau la parole :

« Sénateurs, l'un des premiers soins du gouvernement provisoire devant être la rédaction d'un projet de constitution, les membres de ce gouvernement, lorsqu'ils s'occuperont de cette rédaction, en donneront avis à tous les membres du sénat, qui sont invités à concourir de leurs lumières à la perfection d'un travail aussi important. »

Le sénat, sur cette proposition, prit la résolution suivante :

« Le sénat arrête, en principe, et charge le gouvernement provisoire de comprendre, en substance, dans son adresse au peuple français, 1° Que le sénat et le corps législatif seront déclarés partie intégrante de la constitution projetée, sauf les modifications qui seront jugées nécessaires pour assurer la liberté des suffrages et des opinions. 2° Que l'armée, ainsi que les officiers et soldats en retraite, veuves, etc., conserveront les grades, pensions et honneurs.

dont ils jouissent. 3° Qu'il ne sera porté aucune atteinte à la dette publique. 4° Que les ventes de domaines nationaux seront irrévocablement maintenues. 5° Qu'aucun Français ne pourra être recherché pour les opinions politiques qu'il a pu émettre. 6° Que la liberté des cultes et des consciences sera maintenue et proclamée, ainsi que la liberté de la presse. 7° Enfin, que le gouvernement provisoire est chargé de présenter un projet de constitution, tel, qu'il ne soit porté aucune atteinte aux principes qui font la base de ces propositions. »

On procéda ensuite à la signature du procès-verbal dans l'ordre suivant.

Les sénateurs Abrial, Barbé-Marbois, Barthelemy, le cardinal de Bayane, de Belderbusch, Bertholet, Laubat, Cholet, Colaud, Cornet, Davoust, de Grégory, Mercorengo, Dembarèrre, Depère, Destutt de Tracy, d'Harville, d'Haubersaet, d'Hédouville, Dubois-Dubais, Fabre, Férino, Fontanes, Garat, Grégoire, Herwyn, Jaucourt, Journu-Aubert, Klein, Legeas, Lambrechts, Lanjuinais, Lannoy, Lebrun de Richemont, Lemercier, Lespinasse, Malleville, Meerman, Monbadon, Pastoret, Péré, Pontécoulant, Porcher-de-Richebourg, Roger-Ducos, Saint-Martin

de la Motte, Sainte-Suzanne, Saur, Schimmel-
pennink, Serrurier, Soulès, Tascher, de Valence,
duc de Valmy, Van Dedem, Van Depoll, Vau-
bois, Villetard, Vimar, Volney. — *Président,*
le prince de Bénévent; *secrétaires,* comte de
Valence, Pastoret.

Le comte Barthelemy, *vice-président du sénat,*
lut des lettres d'excuse des sénateurs comte
Vernier, Decroix, Garrat, Coulon, François
de Neufchâteau, qui, pour cause de maladie,
n'avaient pu assister à la séance.

Un premier pas était donc fait, et le sénat
complètement engagé dans les idées de M. de
Talleyrand. Mais la formation d'un gouvernement provisoire, ne décidant aucune des questions politiques, ne pouvait souffrir de grandes
difficultés dans le sénat; les embarras commen-
ceraient à naître seulement pour la question de
déchéance contre Napoléon, qui formait une
seconde halte dans le projet de M. de Talleyrand. Ici, les partisans de l'empereur consen-
tiraient-ils à se séparer de lui? Le sénat en
comptait un grand nombre. Le parti républicain, flatté par le gouvernement provisoire de
l'espérance d'une large constitution libérale,
se chargea de proposer la déchéance. C'était

une idée qui lui était depuis long-temps familière. M. Grégoire se vantait alors dans le sénat (et de quoi ne se vante-t-on pas aux jours de délivrance!) d'avoir rédigé depuis deux ans un projet motivé de déchéance qu'il avait communiqué à quelques amis. M. de Talleyrand se confia donc à la haine des vieux républicains contre Napoléon.

Le 2 avril, à sept heures du soir, le sénat se réunit par suite d'une convocation extraordinaire du gouvernement provisoire. Tout était préparé. M. Barthelemy, lié d'opinion avec M. de Talleyrand, présidait la séance.

M. Lambrechts prit la parole, et demanda que l'empereur Napoléon et sa famille fussent déchus du trône, attendu que la constitution avait été foulée aux pieds par le despote; et qu'en conséquence le peuple français et les armées fussent dégagés du serment de fidélité.

Le parti républicain et les amis du gouvernement provisoire appuyèrent cette proposition. Quelques sénateurs, personnellement dévoués à Napoléon et à sa dynastie, quittèrent la séance. On parla peu sur ce sujet, grave cependant. La question fut mise en délibération immédiate. Le sénat adopta, à une grande majorité, la résolution de déchéance. Elle fut ainsi conçue :

« Le sénat déclare Napoléon Bonaparte et sa famille déchus du trône, et délie en conséquence le peuple français et l'armée du serment de fidélité. »

Alors M. Lambrechts s'écria : « Je demande que l'acte de déchéance qui vient d'être prononcé, soit précédé des considérans qui en exposent les motifs.

·» — Adopté ! adopté ! s'écrie-t-on de toutes parts sur les bancs républicains. — Qu'on rédige ces motifs séance tenante. » Ils voulaient par ce moyen obtenir une sorte de déclaration de principe et d'engagemens de la part du gouvernement provisoire. « Bornons-nous, quant à présent, au décret; les considérans à demain, répondent les sénateurs dévoués à M. de Talleyrand. — A demain les considérans. — Qui les rédigera? s'écrie-t-on. — Eh bien! M. Lambrechts lui-même. — Adopté. » Alors M. de Fontanes exposa avec gravité, qu'attendu l'importance de la mesure qui venait d'être prise pour sauver l'armée française et arrêter l'effusion du sang, M. le président serait chargé d'inviter, dès le soir, les membres du gouvernement provisoire à la faire connaître au public.

Le but était donc ainsi atteint. La déchéance venait d'être prononcée. Le coup porté était immense. Le sénat, en sortant de cette séance, fut admis à l'audience de l'empereur Alexandre. Le czar, toujours agité, éprouvant encore le besoin de se justifier, leur dit :

« Messieurs, je suis charmé de me trouver au milieu de vous. Ce n'est ni l'ambition ni l'amour des conquêtes qui m'y ont conduit. Mes armées ne sont entrées en France que pour repousser une injuste agression. Votre empereur a porté la guerre chez moi, lorsque je ne voulais que la paix.

» Il est juste, il est sage de donner à la France des institutions fortes et libérales, qui soient en rapport avec les lumières actuelles. »

La question semblait être ainsi décidée contre Napoléon, mais celle des Bourbons était loin d'être résolue. Elle formait une autre partie du plan de M. de Talleyrand.

1ᵉʳ AU 10 AVRIL 1814.

Le gouvernement provisoire avait été composé par M. de Talleyrand, de manière à répondre à toutes les chances. Le prince était déterminé à rappeler les Bourbons, mais il voulait que cet acte, afin d'être durable, fût environné de toutes les apparences de liberté et de délibération publiques. Il n'y avait dans le gouvernement provisoire d'opinion exclusivement dévouée à Louis xviii, que celle de l'abbé de Montesquiou, et encore était-ce un homme sage, enclin à quelques préjugés, mais qui accordait que la liberté était un besoin de son époque.

L'installation du gouvernement provisoire eut lieu le 1ᵉʳ avril au soir, sous la présidence de M. de Talleyrand. On s'y occupa d'abord de mettre la garde nationale, la seule force publique reconnue légitime à Paris, sous le commandement d'un chef dévoué au nouvel ordre de choses ; le général Dessolle, alors en disgrâce et l'ami de Moreau, reçut cette importante fonction. Tous les ministres de l'empereur Napoléon étaient à Blois auprès de la régente. Des commissaires furent nommés à chaque département ; M. Henrion de Pensey, magistrat intègre, éclairé, eut la justice ; le comte de la Forêt, homme de capacité, ancien ambassadeur à Madrid, l'une des créatures de M. de Talleyrand, fut placé aux affaires étrangères ; M. le comte Beugnot, qui avait acquis quelque réputation dans sa préfecture du Nord, fut commissaire à l'intérieur. Par une faute inconcevable, le général Dupont, taré dans l'armée par sa fatale capitulation de Baylen, obtint le ministère de la guerre ; M. de Malouet, royaliste honorable et ancien administrateur de la marine, eut ce département ; M. le baron Louis prit les finances, en récompense de ses services à la restauration ; M. Anglès, ministre des requêtes et fils d'un magistrat, fut placé à la police. On nomma également pour secrétaire général du gouvernement provisoire, M. Dupont de Nemours ; M. Laborie fut secrétaire adjoint. C'était comme on le disait spirituellement, le *ca-briolet* du gouvernement provisoire. M. de Bourrienne, que sa brouillerie avec son ancien condisciple et de mauvaises affaires avaient réuni à quelques intrigans du parti roya-liste, s'empara de sa propre autorité de la direction des postes, si importante pour ré-pandre dans les départemens la nouvelle des changemens qui venaient de s'opérer. Le gou-vernement provisoire l'y laissa. Comme il ar-rive toujours dans les révolutions, il y a des gens qui courent aux places, les prennent d'assaut et y demeurent, comme chose à eux appartenant.

Une série d'actes marqua l'existence du gouvernement provisoire. Sa tâche était labo-rieuse, difficile; il ne pouvait se dissimuler que son origine plus ou moins légale se mêlait à l'occupation de l'étranger; qu'il avait à lut-ter contre une opinion forte et active, et contre une armée dévouée. Des proclamations successives annoncèrent aux soldats qu'ils n'é-taient plus à Napoléon, mais qu'ils ne cessaient pas d'appartenir à la patrie. On les invitait à se soumettre à l'autorité du sénat. Pour com-plaire au vœu des alliés et prévenir l'œuvre de la paix générale, le gouvernement provisoire arrêta que tout obstacle qui s'opposait au retour du pape dans ses états et de l'infant Don Carlos en Espagne, serait levé ; il s'adressa ensuite aux Français dans une proclamation solennelle :

« Français, au sortir des discordes civiles vous avez choisi pour chef un homme qui paraissait sur la scène du monde avec les caractères de la grandeur; vous avez mis en lui toutes vos espérances : elles ont été trompées. Il n'a su régner ni dans l'intérêt national, ni dans l'intérêt même de son despotisme. Enfin cette tyrannie a cessé! Les puissances alliées viennent d'entrer dans la capitale de la France ; le sénat a déclaré Napoléon déchu de son trône; la patrie n'est plus avec lui. Français! rallions-nous! la paix va mettre un terme aux bouleversemens de l'Europe ; les augustes alliés en ont donné leur parole. La patrie se reposera de ses longues agitations, et, mieux éclairée par la double épreuve de l'anarchie et du despotisme, elle retrouvera le bonheur dans le retour d'un gouvernement tutélaire. »

Toutes ces pièces étaient envoyées dans les pays occupés par l'ennemi. Des royalistes se chargeaient de les colporter, même dans les départemens encore sous le régime des autorités de l'empire. Les intrigans de toute espèce pullulaient autour du gouvernement provisoire. Chaque jour voyait éclore des propositions nouvelles, et toutes plus bizarres les unes que les autres. M. de Talleyrand faisait la part de chacune avec habileté, se jouait de toutes avec bon goût, et n'en marchait pas moins à ses fins. Il était évident pour tous les hommes qui l'approchaient, que son plan était arrêté dans sa tête et qu'il avait pris des engagemens formels à l'égard de Louis XVIII, avec lequel déjà il entretenait une correspondance suivie. A ses intimes, il répondait dans ses épanchemens : « je ne connais qu'un terme à tout ceci, ce sont les Bourbons. » Tous les accidens de la position étaient subordonnés à cette idée principale et arrêtée ; ce qu'il importait à M. de Talleyrand, c'était d'entourer le gouvernement provisoire de plus de force possible, de ne pas le présenter seulement comme l'œuvre du sénat, mais de l'appuyer sur l'adhésion de tous les corps constitués et des autorités.

La plupart des autorités civiles de la capitale adhérèrent au gouvernement provisoire. Le

corps législatif, ou, pour parler plus exactement, quelques uns des membres restés à
Paris, après la dissolution, avaient individuel-
lement approuvé l'institution de cette commission du gouvernement et la déchéance de Napoléon prononcée par le sénat. M. de Talleyrand tenait beaucoup à une approbation légale du corps législatif; car, depuis sa résistance libérale à Napoléon et sa dissolution, ce
corps était devenu très-populaire : c'était donc
une force prêtée au sénat. MM. Félix Faulcon,
Raynouard, Flaugergues, Gallois, sans prendre
encore une attitude politique, avaient beaucoup vu M. de Talleyrand; il leur inspira de
se réunir quoiqu'en minorité très-faible ; il y
avait à peine un tiers de députés à Paris; ce
n'était donc pas le corps législatif, mais des
députés isolés. Les actes émanés d'une telle
réunion étaient irréguliers comme ceux du sénat, mais dans les jours difficiles on n'y regarde
pas de si près ; lorsqu'il faut décider des des-
tins d'un pays, le pouvoir légitime est celui
qui agit et réussit. On se réunit donc de *pro-
prio motu*, il fut facile de persuader aux membres du corps législatif qu'ils n'avaient pas été
légalement dissous par le décret impérial; c'était

pourtant une question constitutionnelle fort grave. On passa outre; le corps législatif délibéra et adopta l'acte suivant :

« Vu l'acte du sénat, du 2 de ce mois, par lequel il prononce la déchéance de Bonaparte et de sa famille, et déclare les Français dégagés envers lui de tous les liens civils et militaires;

» Vu l'arrêté du gouvernement provisoire du même jour, par lequel le corps législatif est invité à participer à cette importante opération;

» Le corps législatif considérant que Napoléon Bonaparte a violé le pacte constitutionnel;

» Adhérant à l'acte du sénat;

» Reconnaît et déclare la déchéance de Napoléon Bonaparte et des membres de sa famille. »

Bientôt arrivèrent d'autres adhésions pour appuyer le gouvernement provisoire. Dès le premier avril, le conseil général de la Seine s'était prononcé d'une manière énergique, non seulement contre Napoléon, mais encore pour Louis xviii; c'était un des premiers actes favorables à la restauration. Vinrent ensuite les avocats, la cour de cassation, la cour d'appel, le conseil d'état, en un mot les corps constitués, qui, par leur importance, pouvaient prêter appui aux délibérations du sénat.

Toutes ces adresses contenaient des phrases plus ou moins chaleureuses contre l'empereur Napoléon, des témoignages de dévouement envers le sénat; quelques unes parlaient du gouvernement légitime, du sceptre de nos anciens rois; elles avaient été presque toutes communiquées d'avance au gouvernement provisoire, qui en avait pesé et commandé les expressions. On voulait aider par ces adresses l'expression de l'opinion populaire.

NAPOLÉON ET L'ARMÉE.

LA RÉGENCE A BLOIS.

1ᵉʳ AU 10 AVRIL 1814.

Le gouvernement provisoire avait besoin de ce secours d'opinion, pour résister à un rude coup qui allait lui être porté. Le nom de Napoléon excitait toujours parmi les alliés une terreur secrète ; on connaissait son génie militaire, sa hardiesse admirable que tant de succès avaient si glorieusement couronnés. Napoléon avait encore 3o,ooo hommes de troupes éprouvées, parmi lesquelles se trouvait sa vieille garde ; les corps des ducs de Raguse et de Trévise pouvaient lui fournir 18 à 20,000 hommes, ce qui portait à 5o,ooo soldats aguerris et dévoués, les ressources du grand capitaine. Avec des levées en masse dans les départemens, qui obéissaient encore à l'aigle impériale, un coup de fortune sur Paris était possible. L'empereur Napoléon pouvait compter sur l'appui de l'immense population des faubourgs. En supposant même qu'il ne vînt pas à Paris, ne pouvait-il pas marcher sur le midi, se joindre aux corps des maréchaux Soult et Suchet, écraser le duc de Wellington, atteindre en Italie le prince Eugène, ramasser ses garnisons des places du nord, et reparaître dans les plaines de Champagne avec 180,000 hommes ? Ce plan était vaste, mais était-ce trop présumer du génie de Napoléon ! On, savait même qu'il roulait dans sa grande tête, quelque chose de gigantèsque. Depuis qu'il avait appris la capitulation de Paris, il passait des heures à méditer ; son armée était calme et dévouée. Napoléon fit publier le bulletin suivant, daté de Fontainebleau :

« L'empereur qui avait porté son quartier général à Troyes le 29, s'est dirigé à marches forcées, par Sens, sur sa capitale. Sa Majesté était le 31 mars à Fontainebleau ; elle apprit que l'ennemi, arrivé vingt-quatre heures avant l'armée française, occupait Paris, après avoir éprouvé une forte résistance qui lui a coûté beaucoup de monde.

» La présence de l'empereur avec son armée aux portes de Paris empêchera l'ennemi de se porter à ses excès accoutumés dans une ville si populeuse, qu'il ne saurait garder sans rendre sa position très-dangereuse. »

Le 3 avril, la garde s'était réunie sous les armes. Napoléon, s'adressant à ces braves vétérans, leur dit : « Officiers, sous-officiers et soldats de ma vieille garde, l'ennemi nous a dérobé trois marches; il est arrivé à Paris avant nous. Quelques factieux, reste d'émigrés à qui j'avais pardonné, ont entouré l'empereur de Russie; ils ont arboré la cocarde blanche, et ils veulent nous forcer à la prendre. Dans peu, j'attaquerai l'ennemi; je le forcerai de quitter notre capitale. J'ai compté sur vous, ai-je eu raison? — Oui, oui, s'écrient tous ces braves, comptez sur nous! vive l'empereur!... »

Mais cette ardeur des soldats n'était plus partagée par les officiers généraux. Déjà des émissaires leur avaient été envoyés de Paris. Les proclamations du gouvernement provisoire circulaient dans les rangs. Ce fut dans ces circonstances que le maréchal Macdonald et son corps d'armée arrivèrent à Fontainebleau.

Le maréchal avait eu connaissance des évónemens de Paris, de la déchéance prononcée par le sénat. Dès qu'il eut atteint Fontainebleau, il se réunit aux autres maréchaux pour se concerter sur les résolutions à prendre. On arrêta qu'il fallait exposer à l'empereur Napoléon l'état réel du moral de l'armée, et la nécessité, pour lui impérieuse, d'une abdication en faveur de son fils.

La combinaison d'une régence n'était point une idée subite, conçue pour les besoins de la position; il y a long-temps, comme on l'a vu, qu'elle était devenue la base de certains projets à la tête desquels on pouvait compter surtout, MM. de Caulaincourt et le duc d'Otrante; elle flattait les hommes de l'empire, parce qu'elle en conservait les institutions et la forme; elle avait des chances d'appui et de succès auprès de l'empereur d'Autriche, et M. de Caulaincourt se réservait de la faire adopter à l'empereur Alexandre, auprès duquel il avait une ancienne influence.

Les maréchaux Macdonald et Ney se chargèrent de la démarche auprès de Napoléon. M. de Beurnonville, membre du gouvernement provisoire, venait précisément d'envoyer l'acte de déchéance prononcé par le sénat, et la déclaration de l'empereur Alexandre de ne plus traiter avec Napoléon et sa famille. Ces deux pièces servirent de texte aux conférences des maréchaux avec leur empereur. Napoléon entra d'abord dans un état d'irritation convulsive. Les paroles calmes et dévouées du maréchal Macdonald, ainsi que les insinuations de M. de Caulaincourt, qui lui fit sentir les avantages de la régence de Marie-Louise, le ramenèrent peu à peu à signer un premier acte d'abdication conçu en ces termes : « Les puissances alliées ayant déclaré que l'empereur Napoléon était le seul obstacle au rétablissement de la paix en Europe, l'empereur Napoléon, fidèle à ses sermens, déclare qu'il est prêt à descendre du trône, à quitter la France et même la vie pour le bien de la patrie, inséparable des droits de son fils, de la régence de l'impératrice, du maintien des lois de l'empire.

» Fait en notre palais de Fontainebleau, le 4 avril 1814. NAPOLÉON. »

Ainsi deux opinions, deux systèmes allaient entrer en lutte : l'un, celui de M. de Talleyrand et du gouvernement provisoire, tendait évidemment à la restauration de la maison de Bourbon ; l'autre, celui de M. de Caulaincourt et des maréchaux de l'armée, voulait la régence de Marie-Louise.

Cette régence était alors établie à Blois, et peut-être son attitude incertaine contribua-t-elle à faire prévaloir la restauration des Bourbons. On a vu qu'à l'approche des armées alliées, Marie-Louise et le roi de Rome avaient quitté la capitale ; ce triste cortége avait pris la route de Tours par Rambouillet et Chartres : c'était déplorable à voir que cette longue file de voitures où se trouvaient la mère de l'empereur, l'impératrice, le roi de Rome, sur les genoux de Mme de Montesquiou, quelques femmes du palais, fidèles au malheur. Des détachemens de cavalerie précédaient les fourgons qui contenaient le trésor ; d'autres fermaient la marche. Dans ce cortége de tant de grandeurs humiliées, on remarquait l'embonpoint extraordinaire des dames du palais qui avaient caché sous leurs robes leurs diamans, leurs cachemires ; l'impératrice Marie-Louise elle-même n'avait pu se défendre de cette vanité de femme, car elle avait ceint son corps des beaux cachemires, présens du sultan et du shah de Perse. Les frères de l'empereur, tous les officiers de la famille impériale, les grands dignitaires, offraient un assemblage, tout à la fois pénible et bizarre, de physionomies cons-

ternées ; M. de Montalivet et M. de Ségur avaient
même oublié l'étiquette. Comme il arrive toujours dans ces grandes disgrâces de la fortune,
l'ordre et la subordination étaient complètement méconnus ; on n'avait plus de respect
pour ces majestés déchues. Un reste de pudeur,
et surtout le titre de fille de l'empereur d'Autriche, environnaient Marie-Louise d'un respect sombre et silencieux. A chaque halte de
voyage, à chaque moment on criait aux armes.
La crainte faisait entrevoir à chaque pas une
nuée de cosaques. Quelques officiers d'ordonnance caracolaient autour des voitures et venaient rassurer l'impératrice et ses femmes.
Enfin l'on arriva à Vendôme où des dépêches
de l'empereur fixèrent le siége de la régence à
Blois.

Le 1ᵉʳ avril, le jour même de l'établissement d'un gouvernement provisoire à Paris,
l'impératrice régente, le roi de Rome, firent
leur entrée à Blois ; il y eut peu d'enthousiasme dans la population ; on était comme
absorbé par l'aspect de cette princesse d'un
sang si illustre, et aujourd'hui si abaissée,
de cet enfant destiné à un si haut avenir, de
ce berceau placé dans la ville éternelle, et

que la fortune capricieuse livrait aux tempêtes !

C'est à Blois que la régence s'organisa; un conseil composé des frères de Napoléon, des grands dignitaires, sous la présidence de l'impératrice, se réunit; l'empereur lui avait prescrit une marche décidée; plus de quatre cents commis et tous les bureaux de la guerre étaient réunis, et, en imprimant une direction forte à des préfets dévoués, à cette machine administrative si admirablement organisée sous l'empire, il était possible de seconder Napoléon dans sa résistance; mais il fallait un ensemble de volonté, des déterminations énergiques, en un mot ce qui faisait la force du système de l'empereur; rien de tout cela n'existait à Blois; l'impératrice n'était point d'accord avec ses beaux-frères, et particulièrement avec le roi Joseph, lieutenant-général. Quelle résolution de fermeté et de courage attendre du prince archi-chancelier, du comte Regnault de Saint-Jean - d'Angely, de M. de Montalivet? Tous étaient incertains sur leur avenir; ils avaient laissé à Paris leurs hôtels, leurs familles, leurs fortunes; ils auraient préféré recevoir une lettre de la capitale à toutes les chances que la fortune pouvait réserver à leur dévouement.

Cependant ils avaient reçu des ordres de Napoléon ; le conseil de régence prit des mesures qui pouvaient rendre la résistance nationale ; le 2 avril, un bulletin émané de l'impératrice annonça l'occupation de la capitale ; le lendemain, 3 avril, une proclamation de la régente fut envoyée dans les départemens.

« Français, y disait l'impératrice, les événemens de la guerre ont mis la capitale au pouvoir de l'étranger ; l'empereur, accouru pour la défendre, est à la tête de ses armées si souvent victorieuses ; elles sont en présence de l'ennemi sous les murs de Paris ; c'est de la résidence que j'ai choisie, et des ministres de l'empereur, qu'émaneront les seuls ordres que vous puissiez reconnaître. Toute ville au pouvoir de l'ennemi cesse d'être libre ; toute direction qui en émane est le langage de l'étranger, ou celui qu'il convient à ses vues hostiles de propager ; vous serez fidèles à vos sermens ; vous écouterez la voix d'une princesse qui fut remise à votre foi, qui fait sa gloire d'être Française, d'être associée aux destinées du souverain que vous vous êtes librement choisi. Mon fils était moins sûr de vos cœurs au temps de nos prospérités ; ses droits et sa personne sont sous votre sauvegarde. »

M. de Montalivet avait contre-signé cette proclamation, comme secrétaire de la régence; elle fut répandue avec profusion dans tous les départemens en-deçà de la Loire; en même temps des circulaires et des ordres ministériels adressés aux préfets, commandaient des levées en masse, prescrivaient des mesures de vigueur pour seconder l'empereur et roi.

Telle était la situation des choses et des esprits; deux gouvernemens étaient ainsi opposés : l'un provisoire et sénatorial, établi dans la capitale, ayant en main tous les grands moyens de centralisation que l'empire avait réunis à Paris; il était appuyé sur les armées étrangères, sur l'occupation des villes par les alliés; l'autre avait sa force dans les souvenirs de l'empire, dans cette habitude d'obéissance partout imprimée à la machine administrative.

C'est devant l'empereur Alexandre que la cause des deux gouvernemens fut portée. MM. de Caulaincourt, de Bassano, les maréchaux Macdonald, Ney, Oudinot arrivèrent à Paris pour plaider la régence de Marie-Louise contre le gouvernement provisoire de M. de Talleyrand.

CONFÉRENCE CHEZ ALEXANDRE,

POUR LA RÉGENCE.

5 AVRIL 1814.

On était à Paris dans la plus grande inquiétude ; à chaque instant circulaient les bruits les plus alarmans sur les dispositions de Napoléon ; on disait, parmi le peuple, qu'avant vingt-quatre heures un grand mouvement s'opérerait ; que la garde impériale, les corps des maréchaux Macdonald, Oudinot, Marmont et Mortier réunis, feraient une trouée dans la capitale ; les impérialistes paraissaient triomphans ; les faubourgs animés par des bulletins clandestinement distribués, étaient prévenus pour seconder la tentative de l'empereur ; on parlait dans les boutiques, du pillage, comme punition des traîtres, et récompense des braves qui délivreraient la patrie. Des fenêtres de M. de Talleyrand on pouvait voir, par les dispositions militaires des alliés, que ces craintes n'étaient pas sans fondement : les troupes étaient massées dans les Champs-Élysées, sur les quais; des corps considérables avaient quitté Paris pour se porter sur les différens points qui pouvaient être menacés; on croyait à chaque instant être attaqué.

Jugez de la frayeur de tous ceux qui avaient pris part au mouvement sénatorial, à la déchéance de Napoléon; que de repentirs secrets! que de regrets! quelle terreur! Les salons de M. Talleyrand n'étaient pas aussi pleins, aussi actifs; les royalistes n'élevaient plus aussi haut leurs cris, leurs prétentions; on ne s'enorgueillissait plus d'avoir rétabli ses princes légitimes; l'aspect sérieux des souverains et des généraux alliés n'était point propre à rassurer les esprits.

Ce fut sur ces entrefaites que les plénipotentiaires de l'empereur Napoléon arrivèrent et obtinrent sans difficulté une audience de l'empereur Alexandre, pour lui communiquer le projet d'abdication de l'empereur Napoléon en faveur de son fils.

Cet acte était conçu en termes vagues; Napoléon n'avait même pas fait mention du sénat dans son abdication, ni des adhésions du corps législatif. Il y parlait des lois de l'empire, comme si l'empire existait encore. Il ne s'adressait qu'aux alliés, comme s'il ne voulait pas reconnaître ce qui s'était fait dans les corps politiques !

En cette situation de choses, quelle devait être l'anxiété de M. de Talleyrand ! Il avait cherché à gagner les maréchaux dans une conversation préparatoire, et leur avait exposé combien de personnes allaient être compromises s'ils réussissaient dans leurs desseins. « Vous livrez tous ceux qui sont entrés dans ce salon, avait-il dit au maréchal Macdonald. Souvenez-vous que Louis XVIII est un principe, et tout le reste n'est qu'une intrigue. » La loyauté des plénipotentiaires de la régence ne fit aucune attention à ces paroles. Le salon d'Alexandre s'ouvrit, et la conférence s'engagea à une heure du matin. L'opinion des maréchaux pour la régence fut unanime. Macdonald se fit leur organe avec chaleur et dévouement pour Napoléon : conduite d'autant plus honorable que le maréchal avait eu à se plaindre de ses injustices. « Nous avons, dit-il, de pleins pouvoirs pour la régence, pour l'armée et pour la France. L'empereur Napoléon nous a formellement défendu de rien spécifier de personnel. — Cela ne m'étonne pas, répondit Alexandre, avec une tristesse admirative. — Votre Majesté, reprit le duc de Tarente, doit des ménagemens à sa vieille amitié pour Napoléon. La gloire militaire de la France mérite bien quelques égards. Ce serait pour nous une lâcheté d'abandonner la race de celui qui si souvent nous conduisit à la victoire. Que Votre Majesté se rappelle que les alliés ont déclaré n'être point venus en France dans l'intention de lui imposer un gouvernement. »

Le prince de la Moscowa et M. de Caulaincourt soutinrent la négociation dans le même sens, et ce dernier, avec cet ascendant que lui donnait l'ancienne confiance du czar. « Les affaires sont bien engagées dans le sens du sénat », répondait sans cesse l'empereur Alexandre.

Ce fut le général Dessolle qui se chargea de répondre aux maréchaux dont l'éloquence et la franchise militaire avaient vivement ébranlé l'empereur Alexandre. « Votre Majesté doit voir, dit-il, combien de personnes se trouveraient compromises pour avoir agi sous la protection de votre parole; elle a pris l'engagement en face de l'Europe de ne plus traiter avec Napoléon et sa famille ; qu'elle réfléchisse bien que la régence ne sera encore que Napoléon continué. »

L'empereur Alexandre fut tellement embarrassé, tellement entraîné, qu'il ne trouva d'autre moyen de s'en tirer que par un faux fuyant. « Messieurs, je ne suis pas seul : dans une aussi grave circonstance, il faut que je consulte le roi de Prusse, car j'ai promis de ne rien faire sans lui parler. Dans quelques heures, vous connaîtrez ma résolution. » Cette résolution était sans doute déjà arrêtée. On devait rétablir les Bourbons.

Le maréchal Macdonald sortit très-agité de cette conférence, vers cinq heures du matin ; elle avait duré plus de trois heures. M. de Beurnonville lui ayant adressé une question, le maréchal jeta sur lui un regard hautain et répondit : « Ne me parlez pas, Monsieur, je n'ai rien à vous dire ; vous m'avez fait oublier une amitié de trente ans. » Puis, s'adressant au général Dupont qui se trouvait dans un premier salon : « Votre conduite, dit-il, à l'égard de l'empereur, n'est pas généreuse. Il a été injuste envers vous ; mais depuis quand venge-t-on une injure personnelle aux dépens de son pays!... »

On continuait à se parler ainsi avec beaucoup de vivacité dans l'antichambre de l'empereur Alexandre, lorsque M. de Caulaincourt, n'oubliant pas les lois de l'étiquette, leur dit : Prenez garde, Messieurs, que vous êtes ici chez l'empereur de Russie. M. de Talleyrand, qui sortait de chez l'empereur, ajouta : « Messieurs, si vous voulez *disputer*, discuter, descendez chez moi. — Cela serait inutile, reprit Macdonald; mes camarades et moi ne reconnaissons pas le gouvernement provisoire. »

Enfin, M. de Talleyrand et quelques uns des membres du gouvernement provisoire rentrèrent dans le cabinet d'Alexandre, fortifièrent sa résolution première, et annoncèrent en sortant que les alliés avaient formellement déclaré qu'ils ne trouvaient pas dans la régence des garanties suffisantes pour le repos de l'Europe. Le prince de Schwartzemberg avait écrit à l'empereur François, alors à Troyes, et le détermina à adopter cette décision contre sa propre fille. Les partisans de la régence s'étaient aussi adressés au père de Marie-Louise; mais M. de Metternich fit rejeter toute espèce de conciliation avec la famille de Napoléon; le retard d'un courrier acheva de désorienter toute cette négociation. La sainte alliance était alors une ligue à grands sentimens. On persuada à l'empereur d'Autriche qu'il devait se sacrifier au repos du monde. On ne traita plus avec les envoyés de Napoléon, que des conditions de l'abdication absolue, tant pour lui que pour sa famille. Par le traité de Fontainebleau, on lui assura la souveraineté de l'île d'Elbe et son titre impérial, une rente de deux millions de francs sur le trésor de France, et de deux millions cinq cent mille francs pour sa famille; le duché de Parme, de Plaisance et de Guastala, érigé en principauté en faveur de Marie-Louise et du roi de Rome; le domaine extraordinaire, réduit à deux millions, devait être mis à la disposition de l'empereur, pour gratification à ses serviteurs; quatre cents hommes de sa garde devaient suivre Napoléon à l'île d'Elbe; les troupes polonaises conservaient leur décoration et pouvaient rentrer librement dans leur patrie. Ce traité fut signé le 11 avril, par le maréchal Ney, MM. de Caulaincourt, Metternich, Stadion, Nesselrode, Castlereagh.

Il y eut bien des intrigues pour amener ce résultat. M. de Dalberg avait tout-à-fait gagné à ses idées le prince de Metternich. On assure que des promesses plus effectives que des principes avaient-été faites au ministre autrichien, au nom de la famille des Bourbons. D'un autre côté, M. Pozzo di Borgo, qui représentait Alexandre auprès du gouvernement provisoire, agissant par haine contre la race de Bonaparte, aigrissait violemment l'esprit faible ét passionné du czar. M. de Talleyrand s'adressa même directement aux négociateurs de Napoléon, et chercha à affaiblir leur zèle par des promesses adroites et d'habiles insinuations.

Une des causes qui agirent le plus sur l'esprit d'Alexandre et la résolution des alliés, fut la défection du maréchal Marmont à Essone; elle priva l'armée d'un corps de vaillantes troupes, qui, ignorant les démarches de leur chef, firent éclater leur indignation lorsqu'elles en eurent connaissance. Ce maréchal fut déterminé à cet abandon si décisif par de secrètes négociations que le gouvernement provisoire avait déjà ouvertes auprès de lui, et particulièrement par le général Dessolle. « Vous connaissez, disait ce général, mon peu d'ambition; mais les circonstances m'ont paru si graves, que j'ai résolu de jouer un rôle dans le mouvement de Paris. Je suis convaincu que l'intérêt et le salut de mon pays le commandent. Liberté, liberté sage, ainsi que tout bon citoyen doit la désirer. » On avait ajouté à ces instances officielles plusieurs lettres des amis personnels du maréchal. On l'y sommait au nom de ses plus chers intérêts, de l'honneur, de la gloire, de faire sa soumission au gouvernement provisoire, et de séparer la cause de la France de celle de l'empereur Napoléon. Le maréchal se laissa entraîner; une correspondance s'engagea entre lui et le prince Schwartzemberg ; le général autrichien invitait le maréchal à se ranger sous les drapeaux de la bonne cause française : le 3 avril, le maréchal répondit : « L'opinion publique a toujours été la règle de ma conduite; l'armée et le peuple étant déliés du serment de fidélité envers l'empereur Napoléon, je suis prêt à quitter cette armée avec mes troupes. »

Aussi, comme on le pense bien, l'adhésion du maréchal Marmont fut-elle reçue avec enthousiasme par les membres du gouvernement provisoire. Lorsque le maréchal revint à Paris, après avoir calmé la sédition qui éclata parmi ses troupes à Versailles, le salon bleu de M. Talleyrand n'eut pas assez d'expression pour témoigner sa reconnaissance à celui que l'honneur militaire aurait jugé si sévèrement.

La défection du duc de Raguse changea toutes les combinaisons militaires; les alliés ne craignirent plus Napoléon, abandonné successivement par ses troupes, par ses généraux qui trouvaient dans cette conduite un exemple pour adhérer aux actes du gouvernement provisoire. Le maréchal Ney écrivait à M. de Talleyrand : « Je me suis rendu hier à Paris, chargé de pleins pouvoirs pour défendre la dynastie de Napoléon près de S. M. l'empereur de Russie; mais, un événement imprévu * ayant tout à coup arrêté les négociations, l'empereur consent à l'abdication entière et sans restriction. »

* La défection du duc de Raguse.

5 ET 6 AVRIL 1814.

TANT que la lutte avait été engagée entre les partisans de Napoléon, le sénat et le gouvernement provisoire, le parti royaliste avait montré une grande déférence pour les constitutionnels; il savait bien qu'il n'avait que peu de crédit sur l'opinion publique, et même sur l'empereur Alexandre. Mais dès que ce parti connut le triomphe du gouvernement provisoire, et l'échec reçu par les envoyés de Napoléon pour la régence, il commença à se séparer de ceux qui avaient assuré le trône aux Bourbons, et combattit avec acharnement les constitutionnels, afin d'assurer le succès de la contre-révolution.

En prononçant la déchéance de Napoléon, le sénat avait posé en principe que, dans une monarchie constitutionnelle, le monarque n'existait qu'en vertu de la constitution. Les royalistes avaient laissé passer ce principe large et libéral en faveur de l'acte sénatorial qui les délivrait de Napoléon; mais ils commencèrent à se montrer avec leurs préjugés et leurs vieilles idées dans la discussion de la constitution.

Le sénat provoqué par M. de Talleyrand avait choisi dans son sein une commission pour rédiger un acte constitutionnel. Elle fut composée de MM. Lambrechts, Destutt de Tracy, Barbé-Marbois, Eymery, et le duc de Plaisance; les deux premiers, élèves de l'école républicaine; Barbé-Marbois, magistrat austère, partisan de la monarchie représentative; Eymery, conseiller d'état sous l'empire, sans opinion politique bien tranchée; le duc de Plaisance, ancien secrétaire du chancelier Maupeou, s'accommodant très-bien de tout système de gouvernement d'ordre et de paix.

La commission arrêta les bases de son travail, mais encore d'une manière vague. M. Lambrechts fut chargé de les soumettre au sénat. Le gouvernement provisoire et le comte de Nesselrode devaient assister à la séance secrète. Les conversations (car alors il n'y avait pas de véritable séance) portèrent sur ces données: Un sénat héréditaire dont les membres se nommeront eux-mêmes sur une présentation de candidats qui serait faite par les colléges électoraux. Un corps législatif élu par ces colléges dans les formes désignées par la loi. Liberté des personnes et de la presse, irrévocabilité de la vente des domaines nationaux, publicité des débats de la tribune. Moyennant ces garanties constitutionnelles, le sénat appelait librement au trône Louis-Stanislas-Xavier, frère du dernier roi des Français. La constitution devait être soumise à la sanction du peuple français.

L'article sur le sénat qui formait la base du projet fut soumis d'abord à la discussion. Le nombre des sénateurs avait été fixé à cent par le projet. M. l'abbé de Montesquiou attaqua cette limitation, et soutint que les sénateurs devaient être nommés par le roi et leur nombre illimité. —Mais alors, dit M. Lambrechts, le roi sera le maître de la constitution.—Eh quel mal y aurait-il que le petit-fils de Henri IV pût récompenser librement tous les grands services! — Eh bien! dit M. Grégoire, fixez le nombre à deux cents. — Il m'en faut cent cinquante mille si le roi le juge convenable, répliqua M. de Montesquiou.— En ce cas, mieux vaut ne pas avoir de constitution.

La discussion s'engagea ensuite sur le libre appel de Louis xviii par le sénat, et la désignation faite de Louis-Stanislas-Xavier, comme frère du dernier roi. — Louis xviii n'a pu cesser de régner, s'écria l'abbé Montesquiou; il n'est pas frère du dernier roi, mais oncle de Louis xvii, à qui un long martyre n'a point fait perdre sa qualité de roi de France. — Vous ne comptez donc pour rien, répondit M. Destutt de Tracy, tous les événemens intermédiaires qui se sont passés depuis 1789. Vous ne voulez pas tenir compte des faits. — Ces faits ne sont rien contre les droits, dit M. de Montesquiou. Un long murmure suivit cette réponse.

On en vint ensuite à l'article qui donnait à la nation le droit de faire la paix et la guerre. — Il n'y a pas de monarchie, s'écria encore M. de Montesquiou, là où le roi ne peut pas décider de la paix ou de la guerre. — Depuis tant de guerres entreprises par l'ambition des rois, répondit M. Grégoire, il serait temps qu'on mît ce droit impie de sacrifier le sang des sujets en la main de la nation.

On ne s'entendit pas dans cette première conférence, et l'irritation allait toujours croissant, mais dans la nuit arrivèrent les maréchaux porteurs des propositions de l'empereur pour la régence de Marie-Louise. La fraction royaliste du gouvernement provisoire en prit peur, et chercha dans la soirée à calmer le mauvais effet produit par les sorties maladroites de l'abbé de Montesquiou. On fit toute espèce de promesses aux sénateurs sur leur dotation, sur l'hérédité, sur leur existence politique. Ils avaient montré sur tous ces points, dans les précédentes conférences, des vues intéressées. M. de Talleyrand exigea d'eux, en retour, quelques concessions sur des questions politiques et les droits de la couronne. Enfin une rédaction définitive fut adoptée et approuvée, et le 6 avril soir parut un sénatus-consulte sous ce titre : *Acte constitutionnel*. Le 7 au matin, le gouvernement provisoire en ordonna la publication. Il portait :

Que le gouvernement français serait monarchique et héréditaire de mâle en mâle, par ordre de primogéniture. — Que le peuple français appelait librement au trône de France Louis-Stanislas-Xavier, frère du dernier roi, et après lui les autres membres de la maison de Bourbon, dans l'ordre accoutumé. — Que la noblesse ancienne reprendrait ses titres; que la nouvelle conserverait les siens héréditairement ; la Légion-d'Honneur serait maintenue avec ses prérogatives ; le roi, le sénat et le corps législatif concourraient à la formation des lois. — Que chaque département nommerait au corps législatif le même nombre de députés qu'il y envoyait ; le corps législatif aurait le droit de discussion ; ses séances seraient publiques, sauf le cas où il jugerait à propos de se former en comité général ; l'égalité dans l'impôt qui ne pourrait être établi que pour un an. — Que la loi déterminerait le mode et la quotité du recrutement. — Que l'indépendance du pouvoir judiciaire serait garantie, et que nul ne serait distrait de ses juges naturels. — Que les militaires en activité, les officiers et soldats en retraite, les veuves et les officiers pensionnés conserveraient leurs grades, leurs honneurs et leurs pensions. — Que la personne du roi était inviolable et sacrée ; la liberté des cultes et des consciences garantie ; la liberté de la presse entière, sauf la répression légale des délits qu'elle pourrait entraîner. — Qu'aucun Français ne serait recherché pour les opinions ou les votes qu'il a pu émettre. — Que tous les Français seraient également admissibles aux emplois civils et militaires. — Que

Louis - Stanislas - Xavier serait proclamé roi des Français aussitôt qu'il aurait juré et signé la constitution par un acte portant : J'accepte la constitution. Je jure de l'observer et de la faire observer.

Etait-ce sincèrement que le gouvernement provisoire avait consenti à la publication de cet acte? La constitution était-elle un simple leurre, pour amener dans une forme légale la proclamation de Louis xviii comme roi des Français? M. de Talleyrand trompa-t-il le sénat, ou fut-il trompé par le parti royaliste? Ce qu'il y a de positif, c'est que les autorités constituées ne se rangèrent à l'obéissance que du sénatus-consulte. Etait-ce un instrument dont on se servait un jour pour le briser le lendemain de la victoire? C'est ce qui arriva. Quant à la constitution, elle n'était pas la meilleure possible; et puis, de quelle autorité émanait-elle? Le peuple n'avait pas été consulté; le sénat, sans crédit dans l'opinion, réunissait à peine un tiers de ses membres. Il avait sordidement stipulé ses dotations et avait fait de ses revenus un article constitutionnel. La presse eut beau jeu pour attaquer l'acte sénatorial.

L'ACTION DE LA PRESSE.

AVRIL 1814.

Une des grandes causes de la restauration a été la presse périodique. L'empire l'avait enchaînée sous mille censeurs. Ni la scène, ni les journaux ne pouvaient s'abandonner à ces grandes inspirations de la liberté. La littérature elle-même était esclave : souvent ses chaînes étaient d'or; mais le génie indépendant gémissait de ses entraves, et salua la restauration comme une ère d'affranchissement.

En 1811, par une mesure de police, émanée du duc de Rovigo, la propriété des journaux avait été envahie. On en avait distribué les actions aux familiers de la littérature impériale. Les légitimes actionnaires en étaient dépouillés. Le *Journal de l'Empire* avait été victime, surtout, de cette spoliation. C'était une puissance que le *Journal de l'Empire !* il se tirait à plus de 25 mille exemplaires : il était l'unique lecture des châteaux, des grands personnages de tous les régimes. Le 3o mars, au moment de la capitulation de Paris, des royalistes éprou-vés, MM. Bertin, rentrèrent dans leur ancienne propriété, et prirent la direction du *Journal de l'Empire*, qui parut le lendemain sous son titre primitif de *Journal des-Débats*. Toutes les piè-ces royalistes qui pouvaient servir à la restauration, les proclamations du roi et de M. le comte d'Artois, y trouvèrent place. Tout fut dirigé dans le sens d'une restauration bourbon-nienne. Il exerça une immense influence sur-les esprits, et prépara la popularité de la famille des Bourbons. Son action fut si vive et si puis-sante, que le sénat conservateur réclama lui-même du gouvernement provisoire, une cen-sure préalable, et un arrêté de ce gouvernement porta que les journaux seraient soumis à une commission présidée par M. Michaud l'aîné. On veilla avec un soin particulier à ce qu'il ne parût plus d'articles aussi saillans, aussi pro-noncés pour les Bourbons.

Dans ce même moment se publiait la bro-chure de M. de Chateaubriand, sous le titre : *De Bonaparte et des Bourbons*. Le noble pair a dit depuis, de cet ouvrage, où son beau talent paraît tout entier, quoique pour lutter avec une partialité malheureuse contre Napoléon, « qu'il n'avait pas fait de l'histoire, mais un acte politique »; et sous ce rapport il a eu raison. Jamais brochure ne fit plus d'impression, ne produisit un effet plus surprenant. La génération nouvelle ne connaissait pas les Bourbons, M. de Chateaubriand les lui dépeignit avec ses magiques couleurs. « Le frère de notre roi, Louis xviii, qui doit régner le premier sur nous, disait-il, est un prince connu par ses lumières, inaccessible aux préjugés, étranger à la vengeance. De tous les souverains qui peuvent aujourd'hui gouverner la France, c'est peut-être celui qui convient le mieux à notre position et à l'esprit du siècle.

» M. le comte d'Artois, d'un caractère si franc, si loyal, si français, se distingue aujourd'hui par sa piété, sa douceur, sa bonté, comme il se faisait remarquer, dans sa première jeunesse, par son grand air et ses grâces royales.

» M. le duc d'Angoulême a paru dans une autre province. Bordeaux s'est jeté dans ses bras, et la patrie de Henri iv a reconnu avec des transports de joie l'héritier des vertus du Béarnais.

» Et cette jeune princesse, que nous avons

persécutée, que nous avons rendue orpheline, regrette tous les jours, dans les palais étrangers, les prisons de la France. Elle pouvait recevoir la main d'un prince puissant et glorieux, mais elle préféra unir sa destinée à celle de son cousin, pauvre, exilé, proscrit, parce qu'il était Français, et qu'elle ne voulait pas se séparer de sa famille. « Ah! je le sens, disait-elle un jour avec douleur, je n'aurai des enfans qu'en France! » Pouvons-nous entendre de telles paroles sans nous jeter à ses pieds et implorer son pardon au milieu des sanglots du remords...?

» Parlerai-je de M. le duc de Berri? nos armées n'ont pas vu de chevalier plus brave.

» M. le duc d'Orléans prouve par sa noble fidélité au sang de son roi, que son nom est toujours un des plus beaux de France. J'ai déjà parlé des trois générations de héros : M. le prince de Condé, M. le duc de Bourbon. Je laisse à Bonaparte à nommer le troisième.... »

Quelle impression de tels tableaux ne devaient-ils pas faire sur les générations de la France! Combien ils devaient populariser la royauté des Bourbons! Jamais ouvrage ne se distribua à un plus grand nombre d'exemplaires. M. de Chateaubriand put se vanter d'avoir créé la puissance morale de la restauration. Et puis, chose déplorable à dire pour le cœur humain! les idées et les hommes qui firent cette restauration sont devenus par la suite ce que les Bourbons ont le plus profondément détesté et proscrit le plus volontiers!!! Pas un homme politique du mouvement de 1814 qui n'ait été en disgrâce : MM. de Talleyrand, de Dalberg, de Jaucourt, Louis, Dessolle, de Pradt, Chateaubriand! La liberté fut voilée, la presse proscrite, et pourquoi? C'est que la restauration s'est changée en contre-révolution; et dès lors ceux qui ont servi les Bourbons au nom de la liberté, ont été repoussés comme des ennemis.

Lorsque la constitution du sénat fut publiée, la presse périodique s'empara de ce travail. Il parut un grand nombre de brochures pour ou contre l'acte sénatorial. M. Grégoire le trouvait imparfait, ne donnant que peu de garanties au peuple, qui heureusement, selon lui, était appelé à se prononcer.

L'abbé Baruel répondait au sénateur comte Grégoire : « Quoi! du jacobinisme encore! »

Les grands politiques du parti royaliste s'en mêlèrent. M. Bergasse publia des réflexions sur l'acte constitutionnel du sénat. Il lui contestait le droit de prononcer la déchéance de Napoléon, pour avoir motif de dire qu'il n'avait pas pu appeler Louis xviii, légitime souverain, avant la promulgation de cet acte. Ainsi les royalistes engageaient, dès son début, la restauration dans les fausses voies du droit divin. Ils dénaturaient les titres populaires de Louis xviii, pour leur substituer je ne sais quelle doctrine nuageuse du xive ou xve siècle.

AVRIL 1814.

Le gouvernement provisoire, jusqu'à la dernière entrevue des maréchaux chez l'empereur de Russie, avait agi avec une extrême circonspection. Il ne voulait blesser aucune opinion, afin de se réserver toutes leurs forces. Louis xviii était proclamé, et cependant la garde nationale, les troupes de ligne portaient encore la cocarde tricolore. Quelques royalistes avaient cousu la couleur blanche à leur chapeau, mais rien encore n'était décidé sur le drapeau. Les actes de l'autorité étaient intitulés au nom du gouvernement provisoire. M. de Talleyrand répondait, à toutes les impatiences des royalistes, qu'il fallait agir prudemment, pour ne pas compromettre le succès : il ajoutait qu'on n'aurait l'armée et les autorités constituées que par d'habiles tempéramens. La seule démonstration permise était contre les insignes de Napoléon. On renversait sa statue, placée au haut de la colonne Vendôme, et le royaliste qui fit l'action d'éclat d'attacher la corde au colosse de bronze, a fait inscrire son nom dans les fastes de la fidélité; les chiffres de l'empereur étaient effacés, mais rien n'indiquait encore un changement dans l'administration et la politique. Le gouvernement ordonnait au conseil d'état de reprendre ses fonctions, défendait d'afficher des placards dans les rues, confirmait les réglemens sur l'imprimerie et la librairie. M. de Fontanes était prié de continuer ses fonctions de grand-maître; seulement le mode d'éducation était changé; les lycées prenaient le nom de colléges, et la cloche était substituée au tambour.

Enfin, le 9, un arrêté du gouvernement provisoire ordonna à M. le général Dessolle de faire prendre la cocarde blanche à la garde nationale de Paris. Cinq jours se passèrent encore avant que le pavillon et la cocarde royalistes fussent considérés comme le drapeau et la couleur de l'Etat. C'est à la suite d'une conférence fort longue et fort disputée que cette résolution fut prise ; les royalistes la regardèrent néanmoins comme un triomphe.

Mais alors Napoléon avait signé son acte d'abdication à Fontainebleau ; la régence de Marie-Louise était dissoute ; on avait vu toute cette cour exilée se dissiper après la soumission du corps du maréchal Marmont à Essone ; un commissaire des alliés était venu chercher Marie-Louise et son fils ; on n'avait plus songé qu'à s'adjuger de larges gratifications sur le trésor, qu'à dévorer les derniers débris de l'empire, qu'à adhérer aux actes du gouvernement provisoire.

Le prince archichancelier Cambacérès écrivait à M. de Talleyrand, le 7 avril, de Blois : « Les princes grands dignitaires étant sénateurs, je crois devoir, en tant que besoin serait, déclarer que j'adhère à tous les actes faits par le sénat. »

Le duc de Massa priait S. A. S. le prince de Bénévent de lui dire s'il le considérait encore comme président du corps législatif ; en cette qualité, il adhérait, en tous les cas, aux actes du gouvernement provisoire.

Quant aux corps militaires, les adhésions arrivèrent successivement et dans cet ordre :

Le 6, le général Nansouty, le comte La-
grange; le 7, le duc de Reggio; le 8, le maréchal Jourdan, le comte Milhaud, le général
comte de Valmy, le maréchal Mortier, le comte
de Ségur; le 11, le maréchal Moncey, le prince
Berthier; ce ne fut que le 14, après avoir terminé sa noble et dernière mission, que le maréchal duc de Tarente adhéra aux actes du
gouvernement provisoire.

Après toutes ces adhésions, on se crut
maître, et l'on frappa le grand coup précurseur de la restauration monarchique, telle que
l'entendaient les émigrés. On arbora le drapeau
sans tache, le panache blanc, toutes ces images
que l'on devait relever avec les noms de Henri iv
et de Louis xiv.

Le gouvernement provisoire avait agi avec
habileté, de quelque manière qu'on le juge,
soit qu'il ne jouât qu'une simple comédie politique, soit qu'il voulût atteindre le but d'une
grande monarchie constitutionnelle. Comment
aurait-il obtenu l'adhésion unanime de la France,
s'il avait tout à coup jeté au milieu de cette
population, qui ignorait jusqu'à l'existence des
Bourbons, le nom de Louis xviii et de l'émigration? Il prépara les esprits par une gradation

prudente : la déchéance de Napoléon d'abord, puis la constitution, l'appel de Louis XVIII, et tout cela avec une apparence admirable de bonne foi ; si bien qu'un journal ayant annoncé la formation d'une garde royale, le gouvernement se hâta de faire déclarer qu'il n'existait et qu'on ne reconnaissait que la garde nationale. Le *Journal de Paris* avait aussi publié une proclamation de Louis XVIII ; *le Moniteur* annonça que cette pièce n'était *revêtue d'aucun caractère d'authenticité.*

Toutefois le gouvernement provisoire fut sans cesse entouré d'intrigans qui le compromirent souvent, même à l'égard des étrangers. Le comte de Maubreuil reçut, à cette époque, du gouvernement provisoire, une mission extraordinaire, dont le but, s'il faut l'en croire, était d'attenter à la personne de Napoléon. Toutefois les ordres du gouvernement provisoire ne contenaient rien d'explicite. Ils enjoignaient seulement aux autorités de prêter main-forte au comte de Maubreuil, parent de M. de Larochejaquelein ; on prétendit depuis qu'il ne s'agissait que d'arrêter les diamans de la couronne et les fonds détournés de leur destination par la régence à Blois. Dans cette hypothèse, ce serait de M. de Vitrolles, ou même de M. Laborie, secrétaire-adjoint du gouvernement provisoire, que M. de Maubreuil aurait reçu, si elle lui a été donnée, la mission spéciale de se défaire de Napoléon, et on n'aurait à reprocher à M. de Talleyrand qu'un seul signe de tête approbatif, préparé peut-être par les insinuations de MM. Laborie et de Vitrolles. Le seul résultat de la mission secrète de M. de Maubreuil, fut le vol des diamans de la reine de Westphalie, sœur du prince Paul de Wurtemberg. M. de Maubreuil, qui, étant écuyer de la princesse, en avait vainement sollicité les bonnes grâces, se livra au brutal emportement d'un amour déçu. Le czar apprit avec colère les outrages qu'on avait prodigués à sa royale parente, et s'en plaignit avec aigreur au gouvernement provisoire. Les diamans furent retrouvés et rendus. Il n'en fut pas de même de quelques sacs qu'on disait pleins d'or, et qui furent retrouvés remplis de pièces de 2 sous.

On ne peut se faire une idée des exigences de tout genre auxquelles le gouvernement provisoire se trouvait alors en butte. M. de Talleyrand était devenu le point de mire de toutes les prétentions, des ambitions les plus folles.

C'est la plaie de toute administration qui commence : cependant il faut dire, à l'éloge du gouvernement provisoire, qu'il donna peu de places; il ne fit qu'un seul général de division; mais il n'avait plus la force de se maintenir dans la voie qu'il avait choisie. Il était débordé par le parti royaliste, auquel il avait ouvert les portes du pouvoir. Il n'inspirait plus aucune confiance au parti républicain dont il avait trompé les espérances. Il vivait de l'esprit et de l'influence de M. de Talleyrand. Il ne jouait plus qu'un rôle d'incertitude et de faiblesse, au 12 avril, lorsque M. le comte d'Artois fit son entrée à Paris.

M. LE COMTE D'ARTOIS,

LIEUTENANT-GÉNÉRAL DU ROYAUME.

12 ET 14 AVRIL 1814.

Depuis son départ de Vesoul, M. le comte d'Artois avait subi diverses fortunes. Il avait passé durant tout le congrès de Châtillon de cruels momens d'incertitude; mais lorsque le gouvernement provisoire fut formé, et la déchéance de Napoléon prononcée, M. de Talleyrand écrivit à Son Altesse Royale que tous les chemins étaient préparés pour la restauration royaliste.

M. d'Artois, à son départ d'Angleterre, n'avait reçu aucun pouvoir du roi Louis XVIII. Tous les titres qu'il pouvait prendre, ou qu'on lui donnait, étaient supposés; il est constant que M. le comte d'Artois ne tenait pas de son frère la lieutenance générale du royaume, que le roi se serait bien gardé de lui confier. Avec les habitudes de Son Altesse Royale, ses amitiés, ses préjugés, il était peu probable qu'elle voudrait se prêter aux concessions et aux ménagemens que le gouvernement provisoire avait crus nécessaires pour opérer la restauration avec le moins de heurtemens possibles. Aussi le prince n'avait-il pas un moment hésité, dans ses proclamations, à prendre le titre suranné de *Monsieur* que ne lui reconnaissait pas la constitution du sénat, et à arborer la cocarde blanche, sur laquelle le gouvernement provisoire n'avait point pris alors de résolution définitive.

C'était avec le vieux cortége de la monarchie de 1788 que s'avançait M. le comte d'Artois. Les serviteurs de l'émigration entouraient sa personne. Toutefois une grâce parfaite de manières, une expression particulière de bonté et de bienveillance, corrigeaient dans Son Altesse Royale le mauvais effet produit par la vieille éducation. M. le comte d'Artois marchait d'ailleurs précédé de ces paroles : « Plus de conscription, plus de droits réunis », et ces promesses, vivement accueillies par le peuple fatigué d'impôts et de levées extraordinaires, lui donnaient de la popularité. Le prince arriva le 10 au château de Livri, possession de M. le comte Charles de Damas. C'est dans cette résidence que commencèrent les premières négociations politiques pour la lieutenance générale du royaume et l'entrée à Paris du précurseur royal.

Depuis que le sénat avait appelé Louis xviii au trône, les démarches du parti royaliste blessaient profondément les sénateurs libéraux qui avaient si puissamment aidé la restauration. Non seulement ils avaient vu leur acte constitutionnnel livré à tous les excès de la presse royaliste, mais sur plusieurs points du territoire français, les chefs du parti absolutiste avaient excité le peuple contre l'œuvre du sénat. Il avait été brûlé par la main du bourreau ; les prêtres prêchaient contre la constitution ; les royalistes, qui ne manquaient ni d'esprit ni de plaisanteries, l'attaquaient avec fureur dans leurs pamphlets et dans leurs causeries de salon. C'était partout de la fureur contre le principe du gouvernement. La conduite servile des sénateurs sous l'empire, le soin qu'ils avaient pris de s'assurer constitutionnellement leur dotation donnaient prise à la verve moqueuse des écrivains du parti ; l'impopularité de ce corps politique servait les menées des ennemis de la liberté.

M. de Talleyrand cherchait à concilier les

opinions. Mais comment convaincre M. le comte d'Artois de la nécessité de certains ménagemens pour les souvenirs de la révolution ? Les troupes et les vaisseaux, n'avaient point le pavillon blanc, et pourtant M. le comte d'Artois n'avait pas d'autre couleur, et il n'était plus qu'à quelques lieues de Paris !

On aurait dit que Son Altesse Royale affectait même de n'avoir d'autre préoccupation que de faire revivre la vieille monarchie. A toutes les personnes qui avaient l'honneur de l'approcher, Son Altesse Royale répondait : « Depuis Vesoul jusqu'ici, j'ai passé à travers une haie de cocardes blanches. » Elle portait un ruban blanc à sa boutonnière; elle en distribuait des fragmens à tous ceux qui venaient à sa rencontre; ses serviteurs les plus dévoués prêchaient en quelque sorte la royauté des lis : « C'est là, disaient-ils, la couleur de notre roi. »

L'entrée de Son Altesse Royale était retardée au sujet d'une grave contestation élevée entre elle et le sénat. Les amis de S. A. R. avaient supposé l'existence du titre de lieutenant-général comme inhérent à sa qualité de comte d'Artois; ils supposaient même, comme on l'a dit, que le roi Louis xviii la lui avait conférée, ce qui était matériellement faux; on soutenait qu'il n'était pas besoin que le sénat la reconnût de nouveau. Le sénat ne voulait point se dessaisir de l'autorité sans la déférer constitutionnellement, et en vertu de la souveraineté populaire; ceci continua d'être l'objet d'une vive discussion entre le conseil du comte d'Artois et les sénateurs influens.

M. de Talleyrand et le gouvernement provisoire se rendirent vainement intermédiaires dans ce débat; on ne les écouta ni d'une part ni d'autre. Le 12 avril, lorsque M. le comte d'Artois fit son entrée solennelle à Paris, la discussion durait encore, si bien que le sénat se refusa d'aller en corps au-devant du cortége. Il y eut de l'enthousiasme. Cette journée du 12 avril fut populaire. Son Altesse Royale se montra gracieuse; elle parla avec bonté aux maréchaux. Le gouvernement provisoire reçut le comte d'Artois à la barrière, et M. de Talleyrand l'accueillit par ces paroles : « Monseigneur, le bonheur que nous éprouvons sera à son comble, si Monseigneur reçoit avec la bonté divine qui distingue son auguste maison, l'hommage de notre tendresse religieuse. » Le comte d'Artois répondit quelques phrases vagues, mais son esprit d'à-propos lui manqua. Le soir les membres du gouvernement provisoire, et les conseillers intimes de Son Altesse Royale, sentant la nécessité de faire quelques uns de ces mots populaires qui pussent réussir dans l'opinion, calmer les méfiances, se réunirent en conseil. Chacun d'eux composa de son mieux une de ces phrases d'apparat, une de ces réponses qui pussent se répandre dans Paris et la France. Les uns voulaient que Son Altesse Royale parlât comme lieutenant-général du royaume, et promît des institutions ; les autres, qu'elle se renfermât dans ces mots vagues et alors à la mode : *Drapeau sans tache, panache blanc, fils de saint Louis,* etc. Mais enfin une rédaction commune à MM. Beugnot et Talleyrand fut adoptée : on l'envoya à Son Altesse Royale, qui l'approuva, et elle fut consignée au *Moniteur* du lendemain dans les termes suivans : « Messieurs les membres du gouvernement provisoire, je vous remercie de tout le bien que vous avez fait pour notre pays ; plus de division, la paix et la France. Je la revois, et rien n'est changé, excepté qu'il y a un Français de plus. » Cette réponse, pleine d'habileté et de bon goût, produisit un excellent effet.

Un *Te Deum* avait été préparé à Notre-Dame. Le sénat refusa encore de s'y rendre, à moins que le comte d'Artois renonçât à ses titres de Monsieur et de lieutenant-général du royaume. On remarqua l'absence des sénateurs dans cette cérémonie d'actions de grâces. M. de Talleyrand vit bien qu'il fallait négocier, si l'on ne voulait pas laisser à la restauration des embarras sans nombre; et lorsque le comte d'Artois fut revenu de la première émotion d'une journée heureuse, mais fatigante, il lui exposa l'importance de ne point se séparer du seul corps constitué dont l'opposition pouvait amener en France une véritable guerre civile.

En effet, le sénat s'était réuni sur une convocation extraordinaire. MM. Lambrechts et Lanjuinais dépeignirent la situation du pays, les excès auxquels s'étaient portés les royalistes, qui étaient allés jusqu'à faire déchirer, comme on l'a dit, par la main du bourreau, l'acte constitutionnel. Ils disaient que la France n'était pas un pays conquis, et que la race des Bourbons ne devait pas lui être imposée. Les deux orateurs proposèrent en conséquence au sénat de ne se rendre en aucune cérémonie publique, et de se refuser à reconnaître le comte d'Artois comme lieutenant-général du royaume au nom du roi, et à ne point lui donner la qualité de Monsieur; enfin à ne lui confier le gouvernement provisoire qu'à la condition expresse que la constitution décrétée serait acceptée par Louis xviii.

M. de Talleyrand porta à M. le comte d'Artois l'opinion du sénat, lui montra la résistance inévitable qui allait s'en suivre. Des nouvelles peu rassurantes arrivaient des armées; il y avait eu sur plusieurs points de véritables séditions militaires. Les soldats et les chefs refusaient d'obéir dans les places fortes; on n'avait pas les adhésions des corps du midi, des maréchaux Soult et Suchet. Si la division s'établissait encore entre le sénat et le comte d'Artois, que de malheurs on pouvait redouter!

Les conseillers de S. A. R. ne se refusèrent plus à une transaction. Toute la journée du 13 avril se passa en pourparlers entre le sénat et le prince. Le soir on arrêta les points suivans :

Le sénat ne reconnaîtrait point la qualité de lieutenant-général du royaume confiée par Louis xviii à M. le comte d'Artois, mais le sénat décernerait cette qualité à Son Altesse Royale, et par conséquent la lieutenance - générale du royaume. On ne donnerait point au prince le titre de Monsieur; on renouvellerait la nécessité de l'acceptation constitutionnelle.

Le 14 au matin, le sénat se réunit, et après divers orateurs entendus, un sénatus-consulte fut rendu en ces termes: « Le sénat confère le gouvernement provisoire de la France à S. A. R. Mᵍʳ le comte d'Artois, sous le titre de lieutenant-général du royaume, en attendant que Louis - Stanislas - Xavier de France, appelé au trône des Français, ait accepté la charte constitutionnelle.

» Le sénat arrête que le décret de ce jour, concernant le gouvernement provisoire de la France, sera présenté ce soir par le sénat en corps à S. A. R. Mᵍʳ le comte d'Artois. »

Une députation se rendit en effet le soir chez le prince, et M. de Talleyrand lut un discours longuement délibéré. On y disait entre autres expressions : « Le sénat désire, avec la nation, affermir pour jamais l'autorité royale sur une juste division de pouvoirs et sur la liberté publique, seules garanties du bonheur et des intérêts de tous. »

Le gouvernement provisoire avait été consulté pour la réponse de M. le comte d'Artois, le prince dit : « Je vous remercie, au nom du roi mon frère, de la part que vous avez eue au retour de notre souverain légitime, et de ce que vous avez assuré par là le bonheur de la France, pour laquelle le roi et sa famille sont prêts à sacrifier leur sang. Il ne peut plus y avoir parmi nous qu'un sentiment : il ne faut plus se rappeler le passé; nous ne devons plus former qu'un peuple de frères. Pendant le temps que j'aurai entre les mains le pouvoir, temps qui, je l'espère, sera très-court, j'emploierai tous mes moyens à travailler au bonheur public. »

Des engagemens étaient pris de part et d'autre. Le pouvoir était ainsi donné sous condition. Mais on dut remarquer que Son Altesse Royale avait fait une réponse plus expansive au corps législatif, dont le président n'avait pas prononcé le mot de *constitution*. Le comte d'Artois avait même dit à M. Félix Faulcon : « Vous nous exprimerez les maux de la nation, vous qui êtes *ses véritables* représentans. » Par là le prince cherchait à décrier l'autorité du sénat, qui, selon les royalistes, n'exerçait qu'un pouvoir usurpé. C'est un des caractères saillans de la maison de Bourbon, de n'avoir jamais d'abandon et des paroles de confiance que pour ceux qui servent les idées familières à leur éducation et à leurs préjugés. Pour les autres, ils font des concessions à la nécessité; ils ne se livrent jamais!

12 AVRIL AU 2 MAI 1814.

PAR l'acte du sénat, M. le comte d'Artois se
trouva maître du gouvernement. M. de Talleyrand conserva l'ascendant sur le conseil du
prince; toutefois les royalistes et les amis d'é-
migration commencèrent à dominer dans les
délibérations intérieures. Encore ébloui du
grand spectacle de la nation française, le lieutenant-général du royaume se laissait souvent
entraîner à l'heureux instinct de sa popularité;
mais ses habitudes, ses amitiés étouffaient bientôt ces élans du cœur.

Le prince conserva les ministres tels qu'ils
avaient été choisis par le gouvernement provisoire. Ils avaient tous secondé le mouvement
royaliste, et se trouvaient ainsi déjà familiers

avec les intrigues de la restauration. Ils eurent la confiance du comte d'Artois. Toutefois le prince forma un conseil d'état provisoire composé de MM. de Talleyrand, des maréchaux Moncey et Oudinot, du comte de Beurnonville, du duc de Dalberg, du marquis de Jaucourt, de l'abbé de Montesquiou et du général Dessolle. M. de Vitrolles était nommé secrétaire d'état. C'était, comme on le voit, le gouvernement provisoire agrandi de quelques nouveaux noms. Mais qu'était-ce donc ce nouveau conseil d'état? Le conseil d'état de l'empire était-il supprimé? Etait-ce un ministère opposé au ministère à portefeuille? Etait-ce une vieillerie rajeunie de l'ancien régime?

Le premier acte du lieutenant-général du royaume fut l'envoi de commissaires extraordinaires. L'état des départemens l'exigeait : il fallait les réorganiser, modifier l'esprit des fonctionnaires, et substituer l'administration de la restauration à celle de l'empire. Leur mission était de répandre dans le pays une connaissance exacte des événemens qui avaient rendu la France à ses souverains légitimes; d'assurer l'exécution de tous les actes du gouvernement provisoire, de prendre toutes les mesures que les circonstances exigeraient pour faciliter l'établissement et l'action du gouvernement; enfin de recueillir des informations sur toutes les parties de l'ordre public.

Ces hauts fonctionnaires furent un mélange d'anciens commissaires royalistes dans les provinces et de quelques hommes nouveaux. M. le duc de Doudeauville dut exercer ces fonctions importantes à Mézières; le maréchal Kellermann, à Metz; M. Roger de Damas, à Nanci; le chevalier de Lasalle, à Strasbourg; le marquis de Champagne, à Besançon; le comte Auguste de Juigné, à Grenoble; le comte Bruno de Boisjelin, à Toulon; le vicomte d'Osmont, à Montpellier; le comte Jules de Polignac, à Toulouse; le comte Dejean, à Bordeaux; Gilbert-Desvoisins, à la Rochelle; à Rennes, le comte de Ferrière; à Rouen, M. de Bégouen; à Caen, M. le duc de Plaisance; à Lille, le maréchal Mortier; à Dijon, le général Nansouty; à Lyon, M. de Noailles; à Périgueux, le général Marescot; à Bourges, M. Otto, conseiller d'état; à Tours, M. Mathieu de Montmorenci. On voulait, par ce choix fait dans tous les rangs, commencer ce système de fusion et de concorde que la restauration s'était chargée de faire triompher.

Les instructions publiques des commissaires extraordinaires avaient un but d'utilité générale, et elles s'expliquaient très-bien par la situation du royaume; mais des instructions secrètes furent données à quelques uns de ces commissaires, à ceux surtout que d'anciens services royalistes recommandaient à l'intimité de Son Altesse Royale. On leur dit de favoriser le mouvement de la restauration, non point dans le sens que l'avait entendu le sénat conservateur par sa constitution, mais dans l'esprit pur et simple de l'ancien régime. Il y eut même à ce sujet d'étranges indiscrétions commises : dans une conversation de congé que M. Gilbert-Desvoisins eut avec M. Beugnot, qui avait le portefeuille de l'intérieur, ce ministre, avec cette spirituelle légèreté de propos qui le caractérise, dit au commissaire extraordinaire, comme à un affidé : « Allons, j'espère bientôt vous revoir au parlement de Paris, car tout ce que nous faisons ici est provisoire, et il faudra bien en revenir à l'ancienne constitution monarchique. » La conduite des commissaires du gouvernement ne fut pas en tous points uniforme; si quelques uns favorisèrent le développement de la restauration constitutionnelle, les hommes tels que MM. de Polignac, de Boisjelin, de Champagne provoquaient une réaction vers l'ancien régime dans tous ses développemens. Ce fut dans les départemens qu'ils administraient, que se produisirent les plus grands scandales politiques contre l'acte constitutionnel du sénat. Quoi qu'il en soit, s'ils ne furent point les auteurs de ces scandales, au moins est-il bien constant que les excès ne trouvèrent pas d'opposition dans les agens du lieutenant-général du royaume.

M. le comte d'Artois était dans une position fort délicate; il se trouvait en présence d'une nation qui l'avait fort bien accueilli, mais dont il connaissait à peine les habitudes et les nouveaux intérêts. Ce n'était pas *un Français de plus*, mais un proscrit qui avait fui la patrie en 1789, et qui revenait après 25 ans d'exil au milieu d'idées et de sensations auxquelles il était étranger. Sa cour se composait ou d'émigrés ou de ces hommes de l'empire qui n'avaient vu et salué dans la restauration, que le passage d'un despotisme à un autre. Ajoutez à cela la présence des armées alliées, les exigences de

leurs chefs, les promesses qu'avait faites le
comte d'Artois d'abolir les droits réunis et les
impôts vexatoires, la conscription et les levées
en masse, la nécessité de satisfaire les ambitions
et la cupidité excitées par la restauration !

Depuis un mois les impôts étaient mal
payés ; le trésor menacé ; les réquisitions gre-
vaient épouvantablement les provinces. Le
comte d'Artois fut obligé de signaler son avènement au pouvoir, par un arrêté qui ordonnait que les contributions légalement et illé-
galement imposées, continueraient d'être levées. Une émission de bons du trésor, jusqu'à concurrence de 10,000,000, fut également
ordonnée ; enfin, au lieu de l'abolition des
droits réunis, promise par le lieutenant-général
du royaume, on se borna à les réduire d'un
dixième. Tous ces actes se faisaient par la seule
volonté du prince, et de l'avis de son conseil. Il y avait cependant à Paris un sénat,
un corps législatif dont on avait reconnu et
invoqué l'appui, lorsqu'il s'était agi de faire
la restauration, mais on les dédaignait déjà ;
le lieutenant-général du royaume décidait de
sa propre autorité en matière d'impôt et de
finance, et continuait le système des derniers

jours de l'empire. La perspicacité de M. de Talleyrand fut ici en défaut; l'abbé Louis ne prit point garde également à toutes les conséquences impopulaires de ce petit despotisme. Cependant la restauration inspirait tellement de confiance, que les fonds publics s'élevaient tous les jours.

Le traité du 23 avril fit une douloureuse impression ; d'un seul trait de plume, le comte d'Artois céda toutes les places fortes, situées en dehors des limites du royaume , telles qu'elles existaient en 1792. D'immenses arsenaux, un matériel considérable*, des positions qui pouvaient assurer à la France un traité de paix plus avantageux, furent abandonnés aux alliés en échange d'une simple promesse de lever les blocus et de faire cesser les hostilités. Ce traité du 23 avril fut pourtant l'œuvre de M. de Talleyrand, qui, sous le charme de la restauration et de l'ascendant des alliés, céda tout ce qu'on lui demandait pour se débarrasser de l'occupation. M. le comte d'Artois n'y mit pas le moindre obstacle. La magnanimité des souverains alliés se trouvait ainsi formellement dé-

---

* A Mayence seulement, il y avait cinq cents pièces attelées.

mentie. Malgré les enthousiasmes de l'Opéra, où l'on mêlait le nom d'Alexandre au triomphe de Trajan ; malgré les scènes d'académie française, où M. Lacretelle rappelait que le czar Pierre était venu chercher en France les arts et la civilisation, mais que son petit-fils Alexandre nous rendait bien le prix d'un si glorieux service ; malgré les éloges délicats du jeune M. Villemain, qui dans son adulation ingénieuse avait trouvé moyen de faire entendre le panégyrique du roi de Prusse et de l'empereur Alexandre, à l'occasion d'un discours sur la critique littéraire ; malgré toutes les expressions sentimentales d'une politique qui s'intitulait européenne, les souverains voulaient tirer de la conquête le meilleur parti possible, surtout depuis qu'ils ne craignaient plus Napoléon.

Il est à croire que ce traité fut une concession à la nécessité ; mais, répétons-le, il porta un coup mortel à la popularité du lieutenant-général du royaume, surtout parmi les soldats qui avaient conquis, au prix de leur sang, ces grandes positions militaires.

L'administration intérieure du comte d'Artois ne fut pas plus heureuse, dirigée par M. Beugnot, ministre chargé de ce département, en remplacement de M. Benoit qui l'avait occupé par intérim; on aurait dit qu'on prenait à tâche, par des maladresses de tout genre, de détruire pièce à pièce la popularité de la restauration. Quant à M. le comte d'Artois, sa grande préoccupation était le drapeau blanc; il distribuait la cocarde blanche, la décoration du lys. C'était une manie du prince que cette blanche couleur : cheval blanc, panache blanc, voilà toute l'habileté qu'il sut déployer; le palais des Tuileries n'était occupé qu'à distribuer des brevets de chevaliers du lys, alors d'autant plus sollicités qu'ils étaient une sorte de passe-ports pour les places dans les ministères. La fureur des lys devint si générale, que la garde nationale, qui d'abord avait fait des difficultés pour quitter la cocarde tricolore, l'adopta avec enthousiasme.

Les choses étaient en cet état, lorsque Louis xviii débarqua à Calais.

AVRIL 1814.

La petite colonie d'Hartwell avait connu les événemens de Paris, dès le 4 avril, par des émissaires royalistes, et la correspondance confidentielle de M. de Talleyrand. Louis xviii avait répondu au principal moteur de la restauration, qu'il le chargeait absolument des intérêts de la couronne et qu'il eût à s'entendre avec les autorités constituées *. Ce ne fut que le 12 avril, après que le sénat eut proclamé Louis xviii, que l'Angleterre reconnut le nouveau roi de France. Louis xviii quitta Hartwell le 18 avril, et fit son entrée à Londres, avec une grande solennité, le 20. Il y fut reçu par le prince régent qui lui parla en ces termes :

---

* L'empereur Napoléon fit publier dans les cent-jours de prétendus Mémoires de l'abbé de Montesquiou sur la correspondance de M. de Talleyrand, qu'on disait avoir trouvée dans une armoire de fer. Je puis assurer que ces pièces ont été ou supposées ou complètement altérées. C'était l'habitude de l'empereur d'arranger ainsi à sa convenance certains documens politiques.

« Votre Majesté me permettra de lui offrir mes félicitations les plus sincères, sur le grand événement qui a toujours été l'un de mes souhaits les plus ardens. Le triomphe et les transports qui signaleront l'entrée de Votre Majesté dans sa propre capitale, pourront à peine surpasser l'allégresse que la restauration de Votre Majesté sur le trône de ses ancêtres a fait naître dans la capitale de l'empire britannique. »

Louis XVIII répondit : « Je prie Votre Altesse Royale d'agréer les plus vives et les plus sincères actions de grâces pour les félicitations qu'elle vient de m'adresser. Je lui en rends de particulières pour les attentions soutenues dont j'ai été l'objet, tant de la part de Votre Altesse Royale que de chacun des membres de votre illustre maison. C'est aux conseils de Votre Altesse Royale, à ce glorieux pays et à la confiance de ses habitans que j'attribuerai toujours, après la divine Providence, le rétablissement de notre maison sur le trône de ses ancêtres, et cet heureux état des choses qui promet de fermer les plaies, de calmer les passions et de rendre la paix, le repos et le bonheur à tous les peuples. »

Cette réponse manquait de tact ; elle faisait

supposer que Louis xviii tenait sa couronne
de la providence et des efforts de l'étranger, et
non point du libre appel du sénat et de la
France. Le roi eut pour le régent toute espèce
de courtoisie ; il échangea l'ordre du Saint-
Esprit contre celui de la Jarretière. Les deux
princes s'embrassèrent cordialement, au milieu
de la population de Londres et d'un petit nombre d'émigrés qui accompagnaient Louis xviii.

On ne comptait, en effet, dans la suite du
roi, que Mme la duchesse d'Angoulême, le
prince de Condé, le duc de Bourbon, M. le duc
d'Havré, le comte de Blacas, les ducs de
Serent, de Duras, de Grammont, de Lorges,
le chevalier de Rivière, MM. de Pradel, Hue,
Coucheri, le père Elisée. C'est avec ce cortége
que Sa Majesté se mit en route pour Douvres ;
un yacht royal le transporta à Calais, où les
autorités et la foule l'accueillirent avec atten-
drissement. Le roi Louis xviii en débarquant
sur le rivage eut une expression de bonté
religieuse, qui toucha le peuple ; elle était sincère sans doute. Après vingt-trois ans d'exil
Louis xviii foulait enfin le sol de la patrie ! Le
roi possédait d'ailleurs cette pantomime de la
royauté qui parle au cœur. Des vifs applaudis-

semens de la foule le suivirent sur toute la route jusqu'à Compiègne, séjour fixé pour les arrangemens politiques de la restauration.

Le roi mit une grâce charmante dans toutes ses réponses et dans ses manières. La foule des dignitaires s'était portée sur Compiègne pour complimenter le prince ; quoiqu'un peu souffrant, il répondit à tous par des à-propos délicats, citant à chacun ses services, aux maréchaux leurs victoires ; sa table fut sans cérémonial, chose remarquable pour Louis xviii ! Le roi but du Vermouth à la santé des armées françaises, et pour mettre la dernière main à cette fusion de l'ancienne et de la nouvelle monarchie, le maréchal Berthier, le fils de la révolution, parla dans son discours, *du panache blanc de Henri* iv.

Là était l'extérieur de la restauration, si l'on peut s'exprimer ainsi, mais des difficultés politiques se multipliaient à mesure qu'il fallait aborder la question de l'acte constitutionnel du sénat. Le roi avait reçu cet acte lorsqu'il était encore à Hartwell, il l'avait examiné dans sa solitude royale, et un moment il avait été tenté de l'accepter, mais des réflexions suggérées par M. de Blacas et ses alentours, des formes d'étiquette, l'empêchaient de suivre ce premier mouvement.

D'abord accepter une constitution, ne régner que par elle, c'était faire résulter les droits de Louis xviii d'une autre origine que la naissance et la grâce de Dieu. La constitution sénatoriale donnait au prince le titre de *roi des Français*; les prédécesseurs de Sa Majesté s'intitulaient *roi de France et de Navarre*, quoiqu'en remontant un peu plus haut dans la monarchie on trouve : *rex Francorum*; c'était donc une modification d'étiquette très-importante dans le palais, et puis, *Louis* xviii *n'avait jamais cessé de régner;* il fallait alors donner à ses actes l'intitulation de l'année où ce règne avait commencé.

Telles étaient les objections principales qui avaient empêché Louis xviii d'accepter l'acte constitutionnel du sénat. Il arrivait donc en France comme roi, on le proclamait partout, et cependant aucune garantie n'était donnée à la nation; la volonté du sénat était considérée comme non avenue, ce qui excitait de violens murmures. « Nous sommes donc joués, disait le parti constitutionnel, qui avait provoqué le renversement de l'empire. » M. de Talleyrand cherchait à calmer leurs plaintes : « Nous aurons une constitution, disait-il, soyez tranquilles, mais nous avons affaire à un roi spirituel et instruit; préparez-vous à défendre votre ouvrage. » Ces conversations flattaient l'amour propre de quelques uns des sénateurs, qui se félicitaient d'entrer en controverse avec Louis XVIII, mais ceux qui avaient quelque rectitude dans l'esprit, ne se dissimulaient plus que c'en était fait de la constitution du sénat et du principe populaire qui en formait la base, c'est-à-dire de l'appel libre au trône de Louis XVIII roi des Français. Quelle que pût être désormais la constitution, émanée du prince seul, elle ne serait point un hommage rendu à la souveraineté nationale; les sénateurs Grégoire, Lanjuinais, Lambrechts en manifestèrent toute leur mauvaise humeur à M. de Talleyrand, et elle se montra bientôt; le corps législatif envoya une députation à Compiègne au-devant de Louis XVIII; le sénat ne suivit point cet exemple; il refusa de députer même quelques uns de ses membres; mais le gouvernement provisoire s'y rendit en corps, et plusieurs conférences sérieuses eurent lieu sur les points principaux d'une constitution. L'empereur

Alexandre exerça une influence très-libérale sur les dispositions de Louis xviii; il s'était rendu à Compiègne, et eut à ce sujet une fort longue conversation avec le roi. « J'ai promis pour Votre Majesté une constitution libre, dit Alexandre, et je crois qu'elle est nécessaire à son règne; il faut à la France deux chambres, la presse libre; c'est ce que je me propose de faire pour la Pologne : les lumières de Votre Majesté me répondent de cette concession. » Alexandre ne put néanmoins entraîner le roi à adopter purement et simplement la constitution du sénat; il fallait pourtant trouver un biais pour sortir de cet embarras. Louis xviii ne pouvait rejeter l'acte constitutionnel et surtout en dire les motifs réels, qui eussent été fort peu populaires; on prit donc le prétexte des imperfections que l'acte sénatorial contenait (ce qui était reconnu de tout le monde), pour faire vivre le principe de l'octroi royal; on supposa que la précipitation avec laquelle avait agi le sénat, rendait sa constitution imparfaite, et d'après ce motif, l'autorité royale ressaisissait le principe qu'elle ne voulait pas reconnaître. Ces discussions se renouvelèrent à Saint-Ouen.

1 ET 2 MAI 1814.

Les bases de la constitution royale avaient
été arrêtées à Compiègne. Le roi et l'empereur
Alexandre s'étaient concertés sur les principes
généraux d'une charte constitutionnelle. Il faut
rendre cette justice à M. de Talleyrand que jusqu'aux derniers momens qui précédèrent la
déclaration de Saint-Ouen, il persista dans
l'idée d'une constitution émanée des corps politiques et acceptée par le roi; selon lui, elle
donnait plus de gage pour l'avenir qu'une
simple concession royale. Le roi Louis xviii
défendit son opinion avec une ténacité qui venait moins de son esprit que des préjugés de
son éducation et des insinuations de ses conseillers intimes, et surtout de M. de Vitrolles,
alors secrétaire d'état. Cela fut poussé si loin,

que M. de Talleyrand, démontrant au roi les avantages d'accepter la constitution du sénat, reçut cette brusque réponse : « Si j'acceptais cette constitution, vous seriez assis, M. de Talleyrand, et je serais debout. » Louis xviii n'apercevait pas la portée d'un acte qui aurait nationalisé sa race.

Cependant Louis xviii devait faire son entrée à Paris le 3 mai. Se montrerait-il à la capitale sans prendre d'engagemens, sans promettre ces libertés qui avaient été une des espérances de la restauration? Le sénat avait été admis en corps à Saint-Ouen, et M. de Talleyrand avait dit en son nom : « Sire, le retour de Votre Majesté rend à la France son gouvernement naturel et toutes les garanties nécessaires à son repos et au repos de l'Europe. Le sénat, profondément ému, heureux de confondre ses sentimens avec ceux du peuple, vient comme lui déposer au pied du trône les témoignages de son respect et de son amour. *Une charte constitutionnelle* réunira tous les intérêts à celui du trône, et fortifiera la volonté première du concours de toutes les volontés. Vous savez mieux que nous, Sire, que de telles institutions, si bien éprouvées chez un peuple voisin, donnent des appuis et non des barrières aux monarques amis des lois et pères des peuples. Oui, Sire, la nation et le sénat, pleins de confiance dans les hautes lumières et dans les sentimens magnanimes de Votre Majesté, désirent avec elle que la France soit libre pour que le roi soit puissant. »

Il était impossible que l'entrée de Louis xviii à Paris excitât quelque enthousiasme, si elle n'était précédée d'une déclaration de principes, claire et précise, sur les droits des Français. Plusieurs projets avaient été discutés à Compiègne. L'un, présenté par les sénateurs constitutionnels, contenait implicitement l'approbation des bases et du principe sur lesquels reposait la constitution du sénat. Voici quelle était sa forme :

« Louis, par la grâce de Dieu, roi de France et de Navarre, à tous nos féaux et fidèles sujets, salut :

» Rappelé par l'amour de notre peuple au trône de nos pères, instruit par l'expérience, éclairé par les malheurs de la nation généreuse que nous sommes appelé à gouverner, jaloux de sa prospérité plus que de notre pouvoir, *pénétré de la nécessité de conserver autour de*

nous ce sénat, aux lumières duquel nous re-
connaissons devoir en partie notre retour dans
notre royaume, et résolu *enfin* de faire pour la
tranquillité publique tout ce qui ne portera
pas atteinte *aux droits de notre maison, ainsi*
*qu'*à la dignité de notre couronne, *avons dé-*
claré et déclarons ce qui suit :

» La monarchie, dont nous sommes le chef
souverain, aura une constitution, gage mutuel
et sacré de la confiance des Français en leur
roi et de notre amour pour eux. Nous main-
tiendrons le gouvernement représentatif tel
qu'il existe aujourd'hui, divisé en deux corps,
savoir : le sénat et la chambre composée des
députés des départemens. L'impôt sera librement consenti ; la liberté publique et individuelle assurée ; la liberté de la presse respectée,
sauf les précautions nécessaires à la tranquillité publique. La religion catholique, apostoli-
que et romaine, professée par la majorité des
Français, sera la religion de l'Etat, sans toutefois qu'il soit mis la plus légère entrave à la
liberté des cultes. Les propriétés seront invio-
lables et sacrées ; la vente des biens nationaux
restera irrévocable ; les ministres responsables
pourront être accusés et poursuivis par une

des chambres qui composent le gouvernement et jugés par l'autre; les juges seront inamovibles, le pouvoir judiciaire indépendant, la justice étant le plus précieux des biens que nous nous empresserons de rendre à nos fidèles sujets.

» La dette publique sera garantie, les pensions, grades, honneurs militaires conservés, ainsi que l'ancienne et la nouvelle noblesse. La Légion-d'Honneur, dont nous déterminerons la décoration, sera maintenue. Tout Français sera admissible aux emplois civils et militaires. Enfin nul individu ne pourra être inquiété pour ses opinions et ses votes.

» Tels sont les principes sur lesquels sera établie la Charte que nous jurerons et ferons jurer d'observer dès qu'elle aura été consentie *par les corps représentatifs et acceptée par le peuple français.*

» Fait en notre château de Compiègne, le . . avril 1814, et de notre règne le. . . »

Cette déclaration fut repoussée par le conseil comme attentatoire aux droits de la couronne. Le roi lui-même et M. de Montesquiou après lui, en avaient bâtonné tout ce que nous avons indiqué en italiques. Quelques uns disent que M. de Talleyrand ne présenta ce contre - projet que pour tromper le sénat, et que sous main il conseilla la déclaration pure et simple de Saint-Ouen.

D'autres projets ne contenaient que la promesse d'une réformation, ce qui convenait très-bien aux prétentions ultérieures de la contre-révolution et des émigrés. Ils furent également rejetés comme dangereux et pouvant compromettre la popularité royale. Enfin une rédaction définitive fut adoptée. Ce fut celle si connue de la déclaration de Saint-Ouen qui servit de base à la charte constitutionnelle.

La déclaration de Saint-Ouen était habilement rédigée. En promettant des libertés aussi larges, des garanties aussi désirables que celles qu'avait établies la constitution sénatoriale, elle ne préjugeait aucune des grandes questions politiques. Elle posait un fait reconnu par tous, que la constitution du sénat était imparfaite, et qu'elle se ressentait de la précipitation avec laquelle on l'avait conçue. Elle ne disait point que la charte promise émanât de la puissance royale seule. Tout au contraire, le roi s'engageait à mettre sous les yeux du sénat et du corps législatif le travail qu'il aurait fait concurremment avec une commission choisie dans le sein de ces deux corps. C'était un ingénieux moyen d'éluder toutes les difficultés.

Aussi la déclaration de Saint-Ouen fut-elle accueillie avec un véritable enthousiasme. Elle prépara l'entrée de Louis xviii à Paris. Cette grande cérémonie fut brillante autant que populaire; cependant elle n'excita point cet entraînement pur et sans nuage qu'on avait remarqué à l'entrée de Monsieur ; le spectacle de la vieille garde, suivant, morne, silencieuse, la voiture de Louis xviii, jetant ses tristes et nobles regards sur les monumens de sa gloire ; tout cela faisait vibrer je ne sais quel douloureux sentiment. Le peuple, oubliant bientôt le royal cortége, pour consoler ces mâles courages, étouffait les cris de *vive le roi!* par ceux de *vive la vieille garde!* et encore ces consolations populaires ne pouvaient distraire ces glorieux vétérans des grands et sombres regrets pour leurs aigles humiliées. La multitude moqueuse des Parisiens remarqua aussi cette étrangeté de costumes et de physionomies qui formaient le cortége intime de la royauté. La figure de bonté de Louis xviii ne pouvait faire pardonner sa cor

pulence anglaise, et la difficulté de ses mouve-
mouvemens; on riait de la robe et du chapeau
disgracieux de Mme d'Angoulême, de la tour-
nure carrée de M. le duc de Berri, et même des
ailes de pigeon du petit-fils du grand Condé.
Ces émigrés en vieux costumes faisaient dans
l'imagination du peuple un étrange contraste
avec les souvenirs de ces jeunes et brillans états-
majors qui accompagnaient naguère le grand
capitaine aux commémorations d'Austerlitz ou
de Wagram.

Ainsi, après vingt-trois ans d'exil, Louis xviii
rentrait aux Tuileries; tout était changé dans
la patrie, mœurs, institutions, esprit religieux.
Une génération nouvelle était née et croissait
à l'ombre des opinions et des idées de la révolution française; le gouvernement de la restauration allait se trouver placé dans des circonstances difficiles; il fallait faire oublier son
origine due, sinon à l'étranger, du moins
aux circonstances d'une invasion et aux malheurs de la France; il fallait ne point manquer
de reconnaissance pour les services d'une émigration fidèle, et ne point froisser des intérêts
nouveaux aussi légitimes; une cour vieillie et
une France jeune, l'émigration et la révolution

allaient être en présence : jamais gouvernement ne s'était trouvé dans une circonstance plus délicate; les hommes d'état et les souverains étrangers eux-mêmes ne le dissimulaient pas.

A travers toutes les protestations d'amitié et d'alliance que donnaient les monarques alliés à Louis xviii, il y avait bien des mécontentemens. Lorsque le duc d'Otrante arriva à Paris, dans les premiers jours de la restauration, il fut conduit par M. de Talleyrand chez l'empereur Alexandre, qui lui dit, dans un entretien particulier : « Pourquoi arrivez-vous si tard? vous nous auriez été utile; que pensez-vous de tout ce que nous avons fait ici ? » Le duc d'Otrante lui répondit : « Je crois que Votre Majesté s'est fait éclairer avant de prendre ses déterminations; c'est une œuvre fort difficile qu'elle a entreprise; dans quelques mois ce problème sera résolu. »—« Mais, répliqua l'empereur, ce n'est pas moi qui ai fait tous ces arrangemens; s'ils ne réussissent pas, il faut s'en prendre à M. de Talleyrand, au sénat et à la ville de Paris; j'ai voulu laisser les Français libres d'exprimer leurs vœux; quant à ma façon de penser personnelle, je n'ai ni prédilection, ni estime particulière pour les Bourbons. » Le czar avait-il hérité du mépris de Catherine pour le comte d'Artois ? était-il blessé des expressions de reconnaissance exclusive de Louis XVIII pour l'Angleterre et le prince régent ? prévoyait-il déjà, comme cela se réalisa au congrès de Vienne, que la France et M. de Talleyrand échapperaient à son influence ? voulait-il, par la connaissance personnelle qu'il avait des opinions du duc d'Otrante, se conserver les sentimens d'un personnage dont il connaissait la sagacité et la haute influence ? Alexandre, comme chacun sait, n'était pas toujours sincère ; peut-être jouait-il une double politique avec un homme qui cependant pénétrait tout, et se livrait bien rarement.

Cette intimité de l'empereur de Russie avec les personnages influens du libéralisme, l'action exercée par lui sur l'esprit de Louis XVIII, pour la publication de la charte, lui furent, plus tard, reprochées. Lorsqu'on apprit à Vienne le débarquement de Napoléon, l'empereur d'Autriche, s'adressant à Alexandre, lui dit : « Eh bien ! sire, voyez ce qu'il est arrivé d'avoir protégé vos jacobins de Paris ! » — « C'est vrai, répondit Alexandre ; mais, pour réparer mes torts, je mets ma personne et mes armées au service de Votre Majesté *. »

* Cette réponse a été faite publiquement, un soir, chez l'impératrice d'Autriche, où l'on jouait une scène ou *tableau vivant*, représentant l'entrevue de Maximilien Ier et de Marie de Bourgogne.

TABLE DES MATIERES.

FIN DU TOME PREMIER.

9 782013 439282